Le Livre Rouge Belge

LES ATROCITÉS ALLEMANDES EN BELGIQUE

Recueil des Rapports Officiels et *in-extenso* présentés à M. Carton de Wiart, Ministre de la Justice du Royaume de Belgique, par la Commission d'Enquête instituée par le Gouvernement Belge sur la violation des règles du droit des gens, des lois et des coutumes de la guerre. (*Décret du 8 août 1914*).

50 CENT.

PARIS
Bibliothèque des Ouvrages Documentaires
16, Rue Alphonse-Daudet (XIVe)

Le Livre Rouge Belge

LES ATROCITÉS ALLEMANDES EN BELGIQUE

Recueil des Rapports Officiels et *in-extenso* présentés à M. Carton de Wiart, Ministre de la Justice du Royaume de Belgique, par la Commission d'Enquête instituée par le Gouvernement Belge sur la violation des règles du droit des gens, des lois et des coutumes de la guerre. *(Décret du 8 août 1914).*

PARIS
Bibliothèque des Ouvrages Documentaire
16, rue Alphonse-Daudet (XIVe)

LE LIVRE ROUGE BELGE

I

La Commission d'enquête Belge

Pourquoi elle fut fondée ? — Ses membres — Leur méthode

« Dans la matinée du 4 août, à l'heure même où le Roi Albert, dans le pathétique discours qu'il prononçait devant les Chambres, exprimait encore l'espoir que « les évènements redoutés ne se produiraient pas », l'armée allemande pénétrait en territoire belge et rencontrait au pont de Visé une première résistance. Après une lutte de quelques heures, l'ennemi entrait dans la pittoresque petite ville, forçait les habitants à niveler les travaux de défense creusés par nos soldats, et fusillait, pour l'exemple, onze civils. Les cadavres de deux notables, MM. Broutsa, furent jetés sur un trottoir, face découverte ; un officier supérieur et quelques jeunes lieutenants prussiens se placèrent contre le mur, et d'autres ayant obligé la population à venir contempler ce sinistre spectacle, l'un d'eux cria en français : « Ce sort vous est réservé à tous, si vous nous êtes encore hostiles ! » ... Le lendemain, devant Liége, les régiments prussiens montaient à l'assaut en imitant la sonnerie de nos clairons, et les détachements précédés du drapeau blanc, se démasquant tout à coup, attaquaient nos hommes à bout portant.

« Ainsi, dès les premières heures des hostilités, les Allemands donnaient une idée de leur cruauté et de leur déloyauté. Ainsi révélaient-ils d'emblée leur manière — ou leur système. La fusillade de Visé, les odieuses manœuvres de Liége devaient être le double prélude d'une longue série d'actes sauvages et de violations du droit des gens. La Belgique, dont la neutralité venait d'être odieusement méconnue, la Belgique dont le sol allait être ensanglanté, moins par les batailles que par les massacres, en appela tout de suite au tribunal du monde. Et pour constituer au jour le jour le dossier de sa protestation solennelle, elle installa, sur l'initiative de M. Carton de Wiart, ministre de la justice un Comité composé de magistrats et de légistes, ayant pour mission d'enregistrer les griefs des populations et de l'armée. L'arrêté créant la Commission d'enquête sur la violation des règles du droit des gens, des lois et des coutumes de la guerre *fut publié par le* Moniteur Belge *du 8 août.*

« Il en nommait membres MM. van Iseghem, président de Chambre à la Cour de cassation; Paul Verhaegen et Nys, conseillers à la Cour d'appel de Bruxelles; Wodon et Cattier, pro-

fesseur à l'Université libre, et secrétaire M. Gillard, directeur au ministère de la Justice. Lorsque le 18 août, le gouvernement se retira dans Anvers, la Commission fut reconstituée près de lui. M. Cooreman, ministre d'État et ancien président de la Chambre, la dirigea, ayant autour de lui le comte Goblet d'Aviella, ministre d'État et vice-président du Sénat; MM. Ryckmans, sénateur, Strauss, échevin d'Anvers ; van Cutsem, président honoraire du tribunal. Les nouveaux secrétaires furent le chevalier Ernst de Bunswyck, chef de cabinet du ministre de la justice, et M. Pierre Orts, conseiller de légation. Le départ pour Ostende et pour Sainte-Adresse n'arrêta par l'activité de la commission; de plus, avec le concours de juges enquêteurs anglais, un sous-comité s'installa à Londres sous l'impulsion de M. de Cartier de Marchienne, ministre plénipotentiaire du Roi, et de M. Henri Davignon.

« Une impartialité scrupuleuse, une minutieuse loyauté, une défiance a priori *des témoignages indirects furent les règles de conduite de la Commission d'enquête. Elle n'accepta rien sans précisions, sans contre-enquête, sans examen sévère. Elle procéda comme le juge d'instruction qui fait jaillir la vérité de la concordance ou de la discordance des dépositions. Elle employa le concours de nombreux magistrats de carrière chargés d'aller au chevet des blessés, près des soldats de la ligne de feu, pour avoir confirmation de faits qu'ils auraient pu voir, suivant parfois à la piste, de village en village, des paysans fugitifs dont les témoins avaient invoqué le contrôle, puisant dans les notes des parquets criminels et des juridictions militaires des renseignements sur la moralité de ces mêmes témoins... Dans les rapports qu'elle a successivement publiés, et dont la série n'est pas terminée, la Commission n'a rien avancé qu'elle ne pût prouver. Les lieux et les dates des faits qu'elle cite sont soigneusement notés. Les noms des victimes et des témoins sont écrits en toutes lettres, chaque fois qu'il ne s'agit point de personnes habitant encore le pays occupé, et auxquelles l'autorité allemande pourrait faire payer par un crime nouveau leurs révélations courageuses ».*

Cette préface est extraite du courageux volume de M. PIERRE NOTHOMB. "**La Belgique martyre**" qui est le commentaire le plus atrocement vivant, le plus douloureusement émouvant des rapports officiels que nous publions sous ce titre : "**LE LIVRE ROUGE BELGE**".

PREMIER RAPPORT

Monsieur le ministre,

La commission d'enquête sur la violation des règles du droit des gens, des lois et des coutumes de la guerre, après une instruction impartiale et attentive, croit pouvoir dégager les constatations suivantes :

Il résulte de témoignages précis et concordants que, dans toute la région d'Aerschot, les Allemands ont commis de véritables atrocités. Une grande partie de la population avait fui épouvantée. Sur leur passage, les troupes allemandes incendiaient les fermes, les maisons et les meules, abattaient à coups de feu les citoyens inoffensifs qu'ils trouvaient sur les routes ou qui travaillaient dans les champs.

Incendies, pillage, arrestations massacres

A Hersselt, au nord d'Aerschot, 32 maisons du village ont été incendiées ; le meunier et son fils qui fuyaient et 21 autres personnes ont été tuées, alors qu'aucune troupe belge n'était en vue.

Les troupes allemandes ont pénétré dans Aerschot, ville de 8.000 habitants, le mercredi 19 août, dans la matinée. Aucune force belge ne s'y trouvait plus. Dès leur entrée, les Allemands ont incendié plusieurs maisons et, dans la rue du Marteau, fusillé 5 ou 6 habitants qu'ils avaient fait sortir de leurs demeures. Dans la soirée, prétextant qu'un officier supérieur allemand avait été tué sur la Grand'Place par le fils du bourgmestre, ou, suivant une autre version, qu'un complot contre le commandant supérieur avait été tramé par le bourgmestre et sa famille, les Allemands se sont emparés de tous les hommes qui se trouvaient dans Aerschot ; ils en ont de suite conduit une cinquantaine à quelque distance de la ville, les ont groupés par séries de quatre hommes et, les faisant successivement courir devant eux, les ont abattus à coups de feu et achevés à coups de baïonnette. Plus de quarante ont été ainsi massacrés.

Ils ont mis la ville au pillage, dérobant dans les habitations tout ce qu'ils pouvaient prendre, fracturant les meubles et les coffres-forts. Le lendemain, ils ont mis en rangs de trois les autres bourgeois qu'ils avaient arrêtés la veille ; dans chaque rang, ils ont pris un homme sur trois. Ils ont conduit ceux-ci, avec le bourgmestre d'Aerschot, M. Tielemans, son fils, âgé de quinze ans et demi, et son frère, à environ 100 mètres de la ville et les ont fusillés.

Ils ont ensuite contraint les autres habitants d'Aerschot, à creuser des fosses, où leurs victimes furent enterrées.

Pendant trois jours, ils continuèrent à piller et à incendier.

Environ 150 habitants d'Aerschot doivent avoir été massacrés.

La plus grande partie de la ville est totalement détruite ; les Allemands ont tenté cinq fois de mettre le feu à la grande église, dont l'intérieur a été saccagé. Toutes les archives de la commune ont été emportées.

Attentats contre les ambulanciers de la Croix-Rouge

Les ambulanciers de la Croix-Rouge, revêtus du brassard de la Croix-Rouge, n'ont pas été respectés. L'un d'entre eux rapporte que les troupes allemandes ont tiré sur lui, alors qu'il ramassait les blessés et que le tir a continué, bien qu'il eût montré son brassard. De plus, pendant toute la journée du 19, alors qu'il faisait son service à l'hôpital, il a été menacé et brutalisé. Un officier allemand, notamment, l'a pris par la tête et a appuyé sur son front le canon de son revolver. Un brancardier, fils du receveur communal, portant les insignes de la Croix-Rouge, a été tué rue de l'Hôpital, dans la soirée du 19 août, par les Allemands.

Il résulte de tous les témoignages que la population civile d'Aerschot n'a en rien participé aux hostilités, qu'aucun coup de feu n'a été tiré par elle ; tous les témoins sont d'accord pour signaler l'invraisemblance de la version allemande, suivant laquelle le fils du bourgmestre, enfant de quinze ans et demi, d'une nature extrêmement paisible, aurait tiré sur un officier supérieur allemand dans la soirée du 19 août. Plus invraisemblable encore est la version du complot organisé par le bourgmestre. Ils font observer que si — ce qu'ils ignorent — un officier allemand a été atteint sur la Grand'Place, il aurait pu l'être par une balle égarée, les soldats allemands tiraillant à ce moment dans les rues avoisinantes pour effrayer la population.

Le bourgmestre, homme fort calme, avait prévenu à diverses reprises ses concitoyens, par des affiches et par des circulaires adressées à tous les habitants, de ce qu'en cas d'invasion ils devaient s'abstenir de tout acte hostile. Les affiches se trouvaient encore apposées lors de l'entrée des Allemands et elles ont été montrées.

Les troupes allemandes qui traversèrent les localités situées en-deçà d'Aerschot, se livrèrent aux mêmes horreurs. Elle tiraillaient sur les citoyens qui fuyaient, incendiaient et pillaient les habitations, tout cela sans provocation.

A Rotselaer, environ 15 maisons ont été incendiées. Un officier allemand, s'adressant à un habitant dont la maison brûlait, a voulu lui faire déclarer, en le menaçant de son revolver, que l'incendie avait été allumé par les Belges. Et comme cet habitant protestait, faisant remarquer que les Belges avaient quitté la région depuis la veille, cet officier déclara que si les Allemands avaient mis le feu, ce ne pouvait être que parce que les habitants avaient probablement tiré, ce qui, ici encore, est contredit par tous les témoins.

Là aussi, les troupes allemandes pillèrent tout ce qu'elles trouvèrent sur leur passage.

La commission n'a pu réunir jusqu'ici de témoignages d'habitants de Diest et de Tirlemont, villes qui ont été occupées les 18 et 19 août 1914 et avec lesquelles les communications sont coupées.

Région dévastée

Mais un habitant de Schaffen, village voisin de Diest, a déclaré que les mêmes abominations ont été commises dans la localité et dans les communes limitrophes, Lummen et Molenstede. La région a entièrement été ravagée. Des troupes allemandes à une heure de distance de Diest, avaient commencé leur œuvre de destruction, le long de la chaussée de Diest à Beeringen, se dirigeant sur Diest, elles incendièrent tout ce qu'elles rencontrèrent sur leur passage, fermes, maisons, meules. Arrivés au village de Schaffen, les Allemands y mirent le feu, massacrant les rares personnes qu'ils trouvaient encore dans les maisons ou dans les rues.

Le témoin nous cite les noms et adresses de 18 personnes qu'il sait savoir été massacrées.

Parmi elles se trouvent :

L'épouse François Luyckx, âgée de 43 ans, avec sa *fille de douze ans*, qui furent découvertes dans un égoût et fusillées ;

La fille du nommé Jean Ooyen, *âgée de neuf ans*, qui fut fusillée ;

Le nommé André Willem, âgé de 25 ans, sacristain, qui *fut lié à un arbre et brûlé vif* ;

Le nommé Reynders, Joseph, âgé de 40 ans, tué avec son petit neveu, *âgé de dix ans*.

Les nommés Lodts, Gustave, âgé de 40 ans, et Marken, Jean, âgé aussi de 40 ans, *probablement enterrés vivants*.

Le témoin a déclaré qu'il avait procédé lui-même à l'exhumation de ces deux derniers, qu'il a enterrés ensuite au cimetière de la commune.

Le village de Rethy, près de Turnhout, a été l'objet de dévastations et de fusillades, dans la journée du 22 août, par 17 cavaliers allemands qui avaient pénétré dans le village. Une jeune fille de 15 ans a été tuée par un coup de feu.

Des faits plus affreux encore, s'il est possible, ont été commis par les troupes allemandes, par suite de la défaite que leur a fait subir l'armée belge devant Malines. La ville de Louvain, avec ses richesses artistiques et scientifiques, n'a pas été épargnée. De nouveaux rapports vous parviendront à bref délai.

Le président,
COOREMAN.

DEUXIEME RAPPORT

Anvers, le 31 août 1914.

A Monsieur Carton de Wiart, ministre de la justice.

Monsieur le ministre,

La commission d'enquête a l'honneur de vous faire le rapport suivant sur des faits dont la ville de Louvain, les localités avoisinantes et la région de Malines ont été le théâtre.

L'armée allemande pénétra dans Louvain le mercredi 19 août, après avoir incendié les villages par lesquels elle avait passé.

Dès leur entrée dans la ville de Louvain, les Allemands réquisitionnèrent des logements et des vivres pour leurs troupes. Ils se rendirent dans toutes les banques privées de la ville et s'y firent remettre l'encaisse. Des soldats allemands fracturèrent les portes des maisons abandonnées par leurs habitants, les pillèrent et s'y livrèrent à des orgies.

L'autorité allemande prit des otages : le bourgmestre de la ville, le sénateur Van der Kelen, le vice-recteur de l'Université catholique, le curé-doyen de la ville, des magistrats et des échevins furent ainsi retenus. Toutes les armes détenues par les habitants, jusqu'aux fleurets d'escrime, avaient été remises à l'administration communale et déposées par ses soins dans l'église de Saint-Pierre.

Dans un village avoisinant, Corbeek-Loo, une jeune femme, âgée de 22 ans, dont le mari se trouvait à l'armée, fut surprise le mercredi 19 août, avec divers de ses parents, par une bande de soldats allemands. Les personnes qui l'accompagnaient furent enfermées dans une habitation abandonnée, tandis qu'elle-même fut entraînée dans une autre habitation où elle fut successivement violée par 5 soldats.

Dans le même village, le jeudi 20 août, les soldats allemands cherchèrent dans leur demeure une jeune fille de 16 ans environ et ses parents. Ils les conduisirent dans une propriété abandonnée et, pendant que quelques-uns d'entre eux tenaient en respect le père et la mère, les autres pénétraient dans l'habitation dont la cave avait été ouverte et forçaient la jeune fille à boire. Puis ils la menèrent sur une pelouse, devant l'habitation et la violèrent successivement. Comme elle continuait à opposer de la résistance, ils lui percèrent la poitrine à coups de baïonnette. La jeune fille, abandonnée par eux après ces actes abominables, fut reconduite chez ses parents et le lendemain, à raison de la gravité de son état, administrée par le curé de la paroisse et conduite à l'hôpital de Louvain. Elle était, à ce moment, en danger de mort.

Les 24 et 25 août, les troupes belges, sortant du camp retranché d'Anvers, attaquèrent l'armée allemande qui se trouvait devant Malines.

Les troupes allemandes furent refoulées jusqu'à Louvain et Vilvorde.

Pénétrant dans les villages qui avaient été occupés par l'ennemi, l'armée belge trouva tout le pays dévasté. Les Allemands en se retirant avaient ravagé et incendié les villages, emmenant les habitants mâles qu'ils poussaient devant eux.

Entrant dans Hofstade le 25 août, les soldats belges trouvèrent le cadavre d'une vieille femme qui avait été tuée à coups de baïonnette ; elle avait encore en main l'aiguille avec laquelle elle cousait lorsqu'elle fut frappée ; une femme et son fils, âgé de 15 ou 16 ans environ, gisaient, transpercés de coups de baïonnette ; un homme avait été pendu.

A Sempst, village voisin, se trouvaient les cadavres de deux hommes pareillement carbonisés. L'un d'eux avait les jambes coupées à la hauteur des genoux ; l'autre avait les bras et les jambes coupés. Un ouvrier, dont plusieurs témoins ont vu le cadavre calciné, avait été frappé à coups de baïonnette. Encore vivant, les Allemands l'avaient enduit de pétrole et jeté dans la maison à laquelle ils mirent le feu.

Une femme, sortant de sa maison, avait été abattue de la même façon.

Un témoin, dont la déclaration a été reçue par M. Edward Hertslet, fils de sir Cecil Hertslet, consul général de la Grande-Bretagne, à Anvers, déclare avoir vu, non loin de Malines, le 26 août, lors de la dernière attaque des troupes belges, un vieillard attaché par les bras à une poutre du plafond de sa ferme. Le corps était complètement carbonisé; la tête, les bras et les pieds étaient intacts. Plus loin, un enfant d'environ 15 ans était attaché les mains derrière le dos, le corps complètement lardé de coups de baïonnette. De nombreux cadavres de paysans gisaient dans des positions de pardon, les bras levés ou les mains jointes.

Le consul de Belgique dans l'Uganda, engagé volontaire dans l'armée belge, rapporte que partout où les Allemands ont passé le pays est dévasté. Les quelques habitants qui sont restés dans les villages racontent des horreurs commises par l'ennemi. C'est ainsi qu'à Wackerzeel, sept Allemands auraient violé consécutivement une femme et l'ont ensuite tuée. Dans le même village, ils ont déshabillé jusqu'à la taille un jeune garçon, l'ont menacé de mort en plaçant un revolver sur sa poitrine, l'ont piqué avec des lances, l'ont ensuite chassé dans un champ et ont tiré sur lui sans l'atteindre.

Partout ce ne sont que ruines et dévastations. A Buecken, de nombreux habitants, dont le curé, âgé de plus de 80 ans, ont été tués.

Entre Impde et Wolverthem, deux soldats belges, blessés, étaient couchés près d'une maison qui brûlait. Des Allemands ont jeté ces deux malheureux dans le brasier.

Les troupes allemandes, repoussées par nos soldats, entrèrent en pleine panique dans Louvain, le 26 août, à la tombée du jour. Divers témoins nous affirment qu'à ce moment la garnison allemande qui occupait Louvain fut prévenue erronément de ce que l'ennemi pénétrait dans la ville. Elle se dirigea immédiatement en tiraillant vers la station où elle se rencontra avec les troupes allemandes refoulées par les Belges qui venaient de cesser la poursuite. Tout semble démontrer qu'un contact se produisit entre les régiments allemands.

Dès ce moment, prétendant que des civils avaient tiré sur leurs soldats, ce qui est contredit par tous les témoins et ce qui n'eût guère été possible puisque les habitants de Louvain, depuis plusieurs jours, avaient dû remettre leurs armes aux autorités communales, les Allemands commencèrent à bombarder la ville. Le bombardement dura jusque vers dix heures du soir. Là où l'incendie n'avait pas pris, les soldats allemands pénétraient dans les habitations et jetaient des grenades incendiaires dont certains semblent pourvus. La plus grande partie de la ville de Louvain, spécialement les quartiers de la ville haute, comprenant les bâtiments modernes, la cathédrale de Saint-Pierre, les Halles Universitaires, avec toute la Bibliothèque de l'Université, ses manuscrits, ses collections, la plupart des instituts scientifiques de l'Université, le théâtre communal, étaient dès ce moment la proie de flammes.

La commission croit devoir insister, au milieu de toutes ces horreurs, sur le crime de lèse-civilisation qui constitue l'anéantissement délibéré d'une bibliothèque académique qui était un des trésors de notre temps.

De nombreux cadavres de civils jonchaient les rues et les places. Sur la seule rue de Tirlemont à Louvain, un témoin en a compté plus de 50.

Sur le seuil des habitations se trouvaient des cadavres carbonisés d'habitants qui, surpris dans leurs caves par l'incendie, avaient voulu s'échapper et étaient tombés dans le brasier. Les faubourgs de Louvain ont subi le même sort. On peut affirmer que toute la région située entre Louvain et Malines et la plupart des faubourgs de Louvain sont presque anéantis.

Un groupe de plus de 75 personnes, qui comprenait diverses personnalités de la ville et parmi lequel se trouvaient le Père Coloboet, et un autre prêtre espagnol, ainsi qu'un prêtre américain, a été conduit dans la matinée du mercredi 26 août, sur la place de la Station ; les hommes ont été brutalement séparés de leurs femmes et de leurs enfants et après avoir subi les traitements les plus abominables et été menacés à diverses reprises d'être fusillés, ont été conduits devant le front des troupes allemandes jusqu'au village de Campenhout. Ils ont été enfermés dans l'église du village où ils ont passé la nuit. Le lendemain, vers quatre heures, un officier allemand les prévint de ce qu'ils pouvaient se confesser et de ce qu'ils seraient fusillés une demi-heure plus tard. Vers quatre heures et demie, on les mit en liberté. Peu après, ils furent arrêtés de nouveau par une brigade allemande, qui les força à marcher devant elle dans la direction de Malines. Répondant à une question d'un des prisonniers, un officier allemand déclara qu'on allait leur faire goûter de la mitraille belge devant Anvers. Ils furent enfin relâchés, le jeudi après-midi, aux portes de Malines.

Il résulte d'autres témoignages que plusieurs milliers d'habitants mâles de Louvain, qui avaient échappé aux fusillades et à l'incendie ont été dirigés sur l'Allemagne dans un but que nous ignorons.

L'incendie a continué pendant plusieurs jours. Un témoin oculaire, qui, le 30 août dernier, a quitté Louvain, expose l'état de la ville à ce moment :

« A partir de Weert-Saint-Georges, je n'ai rencontré, dit-il, que des villages brûlés et des paysans affolés, levant à chaque rencontre les bras en signe de soumission. Toutes les maisons portaient un drapeau blanc, même celles qui avaient été incendiées et on en voyait des lambeaux pendant sur les ruines.

« A Weert-Saint-Georges, j'ai interrogé les habitants sur les causes des représailles allemandes et ils m'ont affirmé de la façon la plus absolue qu'aucun habitant n'avait tiré, que les armes avaient, d'ailleurs, été préalablement déposées, mais que les Allemands s'étaient vengés sur la population de ce qu'un militaire belge, appartenant au corps de la gendarmerie, avait tué un uhlan.

« La population restée à Louvain est réfugiée dans le faubourg de Héverlé, où elle est entassée, la population ayant d'ailleurs été chassée de la ville par les troupes et l'incendie.

« Un peu au-delà du Collège américain, l'incendie a commencé et la ville est *entièrement* détruite, à l'exception de l'Hôtel de Ville et de la gare. Aujourd'hui, d'ailleurs, l'incendie continuait et les Allemands, loin de prendre des mesures pour l'arrêter, paraissent entretenir le feu en y jetant de la paille, comme je l'ai constaté dans la rue joignant l'Hôtel de Ville. La cathédrale, le théâtre sont détruits et effondrés, de même que la bibliothèque ; la ville présente, en somme, l'aspect d'une vieille cité en ruines, au milieu de laquelle circulent seulement des soldats ivres, portant des bouteilles de vin et de liqueurs, les officiers eux-mêmes étant installés dans des fauteuils autour de tables et buvant comme leurs hommes.

« Dans les rues pourrissent au soleil des chevaux tués, déjà complètement enflés, et l'odeur de l'incendie et de la pourriture est telle que cette odeur m'a poursuivi longtemps. »

La commission n'est pas parvenue jusqu'ici à recueillir des renseignements sur le sort du bourgmestre de Louvain, ni sur celui des notables retenus en otage.

Des faits qui lui ont été signalés jusqu'à présent, la commission croit pouvoir tirer les conclusions suivantes :

Dans cette guerre, l'occupation est suivie systématiquement, parfois même précédée et accompagnée, de violences contre la population civile qui sont également contraire aux lois conventionnelles de la guerre et aux principes les plus élémentaires de l'humanité.

La façon de procéder des Allemands est partout la même. Ils s'avancent le long des routes en fusillant les passants inoffensifs, particulièrement les cyclistes, et même les paysans occupés sur leur passage aux travaux des champs.

Dans les agglomérations où ils s'arrêtent, ils commencent par réquisitionner les aliments et les boissons qu'ils consomment ensuite jusqu'à l'ivresse.

Parfois, de l'intérieur des maisons inoccupées, ils tirent des coups de fusils au hasard et déclarent que ce sont des habitants qui ont tiré. Alors commencent les scènes d'incendie, de meurtre et surtout de pillage, accompagnées d'actes de froide cruauté qui ne respectent ni le sexe ni l'âge. Là même où ils prétendent connaître le coupable des faits qu'ils allèguent, ils ne se bornent pas à l'exécuter sommairement, mais en profitent pour déciner la population, piller toutes les habitations, puis y mettre le feu.

Après un premier massacre exécuté un peu au hasard, ils enferment les hommes dans l'église de la localité, puis ordonnent aux femmes de rentrer chez elles et de tenir ouverte, pendant la nuit, la porte de leurs demeures.

Dans plusieurs localités, la population mâle a été dirigée sur l'Allemagne, pour y être contrainte, paraît-il, à exécuter les travaux de la moisson, comme aux jours de l'esclavage antique. Les cas sont nombreux où l'on force les habitants à servir de guide, à exécuter des tranchées et des retranchements pour les Allemands. De nombreuses dépositions attestent que dans leurs marches, ou même leurs attaques, les Allemands mettent au premier rang des civils, hommes et femmes, afin d'empêcher nos soldats de tirer. D'autres témoignages d'officiers belges attestent que des détachements allemands ne se gênent point pour arborer, soit le drapeau blanc, soit le drapeau de la Croix-Rouge, afin d'approcher nos troupes sans défiance. Par contre, ils tirent sur nos ambulances et maltraitent nos ambulanciers. Ils maltraitent, même achèvent nos blessés. Les membres du clergé semblent devoir être spécialement l'objet de leurs attentats. Enfin, nous avons en notre possession des balles expansives abandonnées par l'ennemi à Werchter et nous possédons des certificats médicaux attestant que des blessures ont dû être infligées par des balles de ce genre.

Les documents et dépositions sur lesquels s'appuyent ces constatations seront publiés.

Le président,
(s) COOREMAN.

Les secrétaires,
(s) Cher ERNST de BUNSWYCH.
ORTS.

TROISIEME RAPPORT

Anvers, le 10 septembre 1914.

A Monsieur Carton de Wiart, ministre de la justice.

Monsieur le ministre,

Les deux rapports que la commission a eu l'honneur de vou adresser, sous les dates des 28 et 31 août dernier, relataient plus particulièrement, le premier, les évènements survenus à Aerschot et dans la région avoisinante, le second, la destruction par les troupes allemandes d'une partie de la ville de Louvain.

Afin de compléter son rapport du 31 août, la commission croit devoir signaler qu'il est confirmé que dans les journées qui ont suivi l'incendie de Louvain, les maisons demeurées debout, dont les habitants avaient été chassés par l'envahisseur, ont été livrées au pillage sous les yeux des officiers allemands. Le 2 septembre, un témoin a encore vu les Allemands mettre le feu à quatre maisons.

Ils mentent

Un autre fait qui souligne le caractère implacable du traitement infligé à la population paisible de Louvain, a été également établi : le 28 août, une foule de 6 à 8.000 personnes, hommes, femmes et enfants de tout âge et de toutes conditions, a été conduite sous escorte d'un détachement du 162e régiment d'infanterie allemande, au manège de la ville, où ces infortunés ont passé toute la nuit. L'exiguité du local était telle, eu égard au nombre des occupants, que ceux-ci ont dû demeurer debout, endurant de si grandes souffrances, qu'au cours de cette nuit tragique plusieurs femmes ont été frappées de folie et que des enfants en bas âge sont morts dans les bras de leurs mères.

Un communiqué du grand état-major allemand, dont la *Gazette de Cologne* du 29 août nous a apporté le texte, affirme que le « châtiment » infligé à Louvain se justifiait par le fait qu'un bataillon de landwher, laissé seul dans la ville pour garder les communications, aurait été attaqué par la population civile, agissant sous l'impression que le gros de l'armée allemande s'était retiré définitivement.

Le même journal a publié le récit d'un prétendu témoin de l'évènement.

L'enquête a établi que cette affirmation doit être considérée comme fausse. Il est acquis, en effet, que la bourgeoisie de Louvain, d'ailleurs préalablement désarmée par l'autorité communale, n'a provoqué les Allemands par aucun acte d'hostilité.

Visé livrée aux flammes et au pillage

La commission a repris l'enquête commencée à Bruxelles au sujet des événements de Visé.

Cette localité fut la première ville belge vouée à la destruction suivant le système appliqué ensuite par l'envahisseur à tant d'autres de nos cités et de nos villages. C'est pourquoi nous avons tenu à déterminer ce qu'il y a de fondé dans la version allemande, d'après laquelle la population civile de Visé aurait coopéré à la défense de la ville ou se serait révoltée après son occupation.

Plusieurs témoins actuellement à Anvers, ont été entendus, notamment des militaires appartenant au détachement qui disputa aux Allemands les passages de la Meuse au nord de Liège, et une religieuse de nationalité allemande des Sœurs de Notre-Dame, à Visé.

Il a pu être établi que les habitants n'ont aucunement participé aux combats qui se sont livrés le 4 août au gué de Lixhe et à Visé même.

Ce n'est d'ailleurs que dans la nuit du 15 au 16 que commença la destruction de la ville, dont quelqnes coups de feu, dans la soirée du 15, donnèrent le signal. Les Allemands prétendirent que les habitants avaient tiré sur eux, spécialement d'une maison dont la propriétaire a été entendue par la commission.

Les Allemands ne trouvèrent aucune arme dans cette maison, pas plus que dans lee immeubles voisins, qui furent néanmoins incendiés, après avoir été pillés, et dont les habitants mâles furent transportés en Allemagne.

Les témoins ont fait ressortir l'invraisemblance d'une sédition éclatant parmi une population désarmée, contre une nombreuse garnison allemande, alors que depuis onze jours les dernières troupes belges avaient évacué le pays, et ils ont affirmé que les premiers coups de feu avaient été tirés par des fantassins allemands en état d'ivresse, visant leurs propres officiers. Ce fait ne constituerait pas une exception ; en effet, il est notoire à Maestricht que soit méprise, soit à la suite d'une rébellion, les Allemands, vers la même époque, se sont entretués, pendant la nuit, au camp de cavalerie qu'ils avaeint établi à Mesch, à proximité de la frontière hollandaise du Limbourg.

Il se confirme que la ville de Visé a été entièrement livrée aux flammes, à l'exception, semble-t-il, d'un établissement religieux qui aurait été respecté, et que plusieurs citoyens, tant de la ville que du village de Canne, ont été fusillés.

Un grand nombre de localités situées dans le triangle compris entre Vilvorde, Malines et Louvain, c'est-à-dire dans une des régions les plus peuplées et, il y a quelques jours encore, les plus propères de la Belgique, ont été livrées au pillage, partiellement ou totalement incendiées, leur population dispersée, tandis qu'au hasard des rencontres des habitants étaient arrêtés et fusillés sans jugement, sans motif apparent, dans le seul but, semble-t-il, d'inspirer la terreur et de provoquer l'exode de la population.

Il en fut ainsi notamment des communes ou hameaux de Sempst, Weerde, Elewyt, Hofstade, Wespelaer, Wilsele, Bueken, Eppeghem, Wackerzeele, Rotsealer, Werchter, Thildonck, Boortmeerbeek, Houthem, Tremeloo. De ce dernier village, seuls l'église et le presbytère restent debout ; ailleurs, sur les rares maisons épargnées, on relève les inscriptions suivantes : *Nicht abbrennen* (n'incendiez pas). *Bitte schonen* (épargnez, s.v. p.,), *Gute Leüte nicht plüadren* (bonnes gens, ne pillez pas) : ces maisons ont cependant été saccagées après coup.

Satyres

Dans tous ces villages, les femmes qui n'ont pu fuir sont en butte aux instincts brutaux du soldat allemand.

La région considérée est immédiatement voisine de celle d'Aerschot, dont un précédent rapport a décrit la dévastation ; celle-ci s'étend à présent au nord-ouest de Bruxelles, où les bourgs importants de Grimberghem et de Wolverthem ont déjà été saccagés, tandis qu'au sud-est de la capitale, à plus de 25 kilomètres du théâtre le plus rapproché des opérations militaires, la ville de Wavre, qui n'avait pu fournir l'exorbitante contribution de guerre de 3 millions, imposée par l'état-major ennemi, a vu détruire par le feu 56 de ses maisons.

Nous devons encore signaler que, les 4 et 5 septembre courant, des bombes ont été lancées du haut d'un aéroplane sur Gand et sur Eecloo, villes ouvertes et non défendues.

Enfin, vous n'ignorez pas, Monsieur le ministre, qu'après son évacuation complète par les troupes belges, le 27 août, la la ville de Malines a été soumise pendant plusieurs jours, à un bombardement qui a gravement endommagé la métropole de Saint-Rombaut, orgueil de cette vieille cité. De même le bourg de Heyst-op-den-Berg a été impitoyablement bombardé, sans que cet acte puisse se justifier par aucun intérêt stratégique.

***

Les Allemands pour excuser leurs attentats, prétendent que partout où ils ont fusillé, brûlé et pillé, c'est que les habitants leur avaient opposé une résistance armée. Que le fait ait pu se produire sur les points isolés, il n'y a là rien qui ne se rencontre dans toutes les guerres, et s'ils s'étaient bornés à en passer les auteurs par les armes nous ne pourrions que nous incliner devant la rigueur des lois militaires. Mais, en aucun cas, ces agressions individuelles, qui sont restées absolument exceptionnelles, ne pourraient justifier la généralisation des mesures de répression qui ont atteint la population de nos villes et de nos villages dans leurs personnes et dans leurs biens, les fusillades, les incendies et les pillages qui se sont poursuivis un peu partout sur notre territoire, non pas même avec le caractère de représailles, mais avec de véritables raffinements de cruauté. Au surplus, aucune provocation n'a pu être établie à Visé, à Marsage, à Louvain, à Wavre, à Termonde et dans d'autres localités encore qui ont été l'objet d'une destruction totale froidement exécutée plusieurs jours après l'occupation, sans oublier l'incendie systématique des habitations isolées situées sur le passage des troupes et la fusillade des malheureux habitants qui s'enfuyaient.

Les Allemands ont prétendu, dans leurs journaux, que le gouvernement belge aurait fait distribuer aux populations des armes dont elles devaient faire usage contre les envahisseurs du territoire. Ils ajoutent que le clergé catholique aurait prêché une sorte de guerre sainte et incité partout ses ouailles à massacrer les Allemands. Enfin, ils ont soutenu, pour justifier les massacres de femmes, que celles-ci ne s'étaient pas montrées moins acharnées que les hommes, allant jusqu'à verser de leurs fenêtres de l'huile bouillante sur les troupes en marche.

Atrocités commises pour démoraliser la population

Autant d'allégations, autant de mensonges ! Loin d'avoir fait distribuer des armes, les autorités, à l'approche de l'ennemi, ont partout désarmé les populations ; les bourgmestres ont partout mis leurs administrés en garde contre des violences qui entraîneraient des représailles ; le clergé n'a cessé d'exhorter ses ouailles au calme ; quant aux femmes, sauf d'après un récit, de source suspecte, dans un journal étranger, elles n'avaient d'autre préoccupation que d'échapper aux horreurs d'une guerre sans merci.

Les vrais mobiles des atrocités dont nous avons recueilli les émouvants témoignages ne peuvent être que, d'une part, le désir de terroriser et de démoraliser les populations, conformément aux théories inhumaines des écrivains militaires allemands, d'autre part, le désir du pillage. Un coup de fusil tiré on ne sait où, ni par qui, ni contre qui, par un soldat ivre, ou un factionnaire énervé, suffit pour fournir un prétexte au sac de toute une cité. Au pillage individuel succèdent les contributions de guerre dans des proportions auxquelles il est impossible de satisfaire, et l'enlèvement d'otages qui seront fusillés ou gardés jusqu'au paiement complet de la rançon, suivant les procédés connus du brigandage classique. Il faut tenir compte aussi de ce que toute résistance opposée par des détachements de l'armée régulière est bientôt mise, pour les besoins de la cause, au compte des habitants, et que l'envahisseur entend invariablement se venger sur les civils des échecs ou même des simples déceptions qu'il subit au cours de la campagne.

Nous n'utilisons, au cours de cette enquête, que des faits appuyés sur des témoignages probants. Il est à noter que, jusqu'ici, nous n'avons pu signaler qu'une faible partie des crimes contre le droit, l'humanité et la civilisation, qui formeront une des pages les plus sinistres et les plus révoltantes de l'histoire contemporaine. Si une enquête internationale, comme celle qui a été conduite dans les Balkans par la commission Carnegie, pouvait se poursuivre dans notre pays, nous sommes convaincus qu'elle établirait la vérité de nos assertions.

Le Président,
(s) COOREMAN.

Les secrétaires,
(s) Ch[er] ERNST DE BUNSWYCK,
ORTS.

QUATRIEME

RAPPORT

Anvers, le 17 septembre 1914.

A Monsieur Carton de Wiart, ministre de la justice.

Monsieur le ministre,

Dès l'évacuation de la ville d'Aerschot par les troupes allemandes, la commission d'enquête a délégué un de ses membres, M. Orts, conseiller de légation de S. M. le Roi des Belges, pour constater personnellement l'état dans lequel se trouvait la ville.

M. Orts nous a fait le rapport ci-après :

Suivant le désir de la commission d'enquête, je me suis rendu, le 11 septembre courant, à Aerschot.

Dans le mouvement général d'offensive, qui les portait rapidement vers Louvain, nos troupes n'avaient fait que traverser la ville sans s'y arrêter, les services publics n'y étaient pas encore réorganisés et les habitants n'avaient pas encore réintégré leurs foyers, de sorte qu'au moment de mon arrivée, Aerschot se trouvait exactement dans l'état où l'avait laissé l'armée allemande en se retirant trente heures auparavant.

Ainsi que j'ai pu le constater, les témoignages recueillis par la commission, notamment celui de M..., ont décrit très exactement l'aspect de la ville :

Lorsque, venant de Lierre, on approche du pont sur la dérivation du Démer, la route est bordée des deux côtés de maisons de petits cultivateurs et de maraîchers. Toutes ces habitations, sans exception, sont incendiées. Les annexes, étables, bergeries, forges, poulaillers, rien n'a été épargné, et il est visible que l'œuvre de destruction a été activée par l'emploi de matières incendiaires, attendu que le feu s'est propagé au ras du sol, détruisant les cultures, les jardins, les haies et les arbres fruitiers dans un rayon de vingt à trente mètres des bâtiments.

Les premières maisons qui se rencontrent au delà du pont sont également détruites. Leurs façades portent, en outre, d'innombrables traces de projectiles ; le 19 août, au moment de la retraite de l'armée belge sur Anvers, cet endroit fut le théâtre d'un très vif combat d'arrière-garde.

La route de Lierre tourne aussitôt à droite et l'on pénètre dans la ville par une rue sinueuse qui conduit à la place du Marché. Sur toute la longueur de cette voie, soit une distance d'environ 600 mètres, toutes les maisons ont été incendiées. Le feu s'est propagé dans les ruelles qui aboutissent de droite et de gauche, de sorte que de ce côté de la ville un quartier entier est anéanti. Des maisons atteintes par les flammes, il ne subsiste que les quatre murs entre lesquels les toitures, ainsi que les planchers effondrés, forment un petit amas de matière calcinée d'où émergent quelques ferrailles, des objets mobiliers en métal, noircis par le feu.

Tandis que nous remontions cette rue dans les rangs d'une colonne d'infanterie, des pans de murs, des pignons s'écroulaient à tout instant sous l'action du vent assez vif qui régnait hier, produisant à chaque fois un bruit sourd, tandis que s'élevait un nuage de poussière. L'enchevêtrement des fils téléphoniques détendus, mille débris jonchant le pavé, les vitres brisées crissant sous les semelles complétaient l'impression de dévastation.

Ils étaient ivres

La Grand'Place a moins souffert : le « Gilden Huis » et les trois maisons voisines de celle du bourgmestre Tielemans ont brûlé. Cette dernière reste debout et sa façade, comme celles de la plupart des autres immeubles de la place, portent les traces de la fusillade qui éclata dans la soirée du 19 août, par suite, raconte-t-on à Aerschot, d'une panique provoquée par des soldats ivres.

L'église présente un aspect lamentable. Ses trois portes, ainsi que celle de la sacristie, ont été plus ou moins consumées. La porte donnant sur la grande nef et la porte latérale de droite, toutes deux en chêne massif, paraissent avoir été enfoncées à coup de bélier, après que la flamme les eut entamées. A l'intérieur, les autels, les confessionnaux, les harmoniums, les porte-cierges sont brisés, les troncs sont fracturés, les statues gothiques en bois qui ornaient les colonnes de la grande nef ont été arrachées, d'autres ont été partiellement détruites par le feu. Partout régnait le plus grand désordre. Le sol était jonché de foin sur lequel ont couché pendant de longs jours les habitants qui, comme on le sait, ont été incarcérés en grand nombre dans l'église.

Dans le reste de la ville, que nous avons rapidement parcouru, se découvrent encore, çà et là des maisons incendiées. Elles apparaissent en plus grand nombre le long de la chaussée de Louvain où, de distance en distance se remarquent les débris calcinés d'un groupe de deux, trois, parfois cinq habitations contiguës. En suivant la chaussée, j'ai remarqué sur une distance de plusieurs kilomètres vers Gelrode, les ruines de maisons de paysans et de villas bourgeoises isolées au pied du côteau.

Bourgmestre et citoyens fusillés

C'est là à la sortie de la ville, dans un champ à 100 mètres à gauche de la route, que les Allemands ont fusillé le bourgmestre Tielemans, son fils, son frère et tout un groupe de leurs concitoyens.

Après quelques recherches, j'ai trouvé au pied d'un talus la place où sont tombées ces victimes innocentes de la fureur des Allemands. Des caillots de sang noirci marquaient encore dans les chaumes l'emplacement occupé par chacune d'elles sous le feu du peloton d'exécution. Ces traces sont distantes de deux en deux mètres, ce qui confirme les dires des témoins d'après lesquels, au dernier moment, les exécuteurs firent sortir du rang deux hommes sur trois, le sort, à défaut de tout semblant d'enquête, désignant ainsi ceux qui devaient mourir.

A quelques pas de là, la terre fraîchement remuée, et une humble croix de bois dressée furtivement par des mains amies, marquent l'endroit où reposent les cadavres de 27 victimes. La fosse, partiellement comblée, semblait attendre de nouvelles proies.

J'ai vu près de l'église d'autres tombes de civils tués au cours de l'occupation allemande, mais dans cette ville abandonnée par sa population, il était malaisé de trouver des témoins des évènements, de sorte que je n'ai pu déterminer exactement le nombre des habitants d'Aerschot qui sont tombés sous les balles allemandes.

La ville, en effet, était presque déserte, la rue principale seule était animée par le passage continuel des troupes en marche. Dans les rues latérales on apercevait de loin en loin quelques familles groupées sur le seuil de leur demeure saccagée.

Nombreux ont été à Aerschot, comme ailleurs, les attentats contre les femmes et les jeunes filles. Mais sur ce point particulier, l'enquête se heurte à de grandes difficultés, les victimes, désignées par la voix publique, ainsi que leurs familles opposant généralement un mutisme absolu à toutes les questions.

La description des quartiers incendiés ne donne qu'une faible impression de la dévastation accomplie dans cette malheureuse cité, car si Aerschot a été partiellement détruite par le feu. *j'ai pu constater qu'elle a été entièrement mise à sac.*

Débauches ignobles

J'ai pénétré dans plusieurs maisons choisies au hasard, dont j'ai parcouru les divers étages ; par les ventaux et les portes défoncés, j'ai plongé le regard dans un grand nombre d'autres habitations. Partout le mobilier est bouleversé, éventré, souillé d'une façon ignoble, les papiers de tenture pendent en lambeaux le long des murs, les portes des caves sont enfoncées, les armoires, les tiroirs, tous les réduits ont été crochetés et vidés de leur contenu. Le linge, les objets les plus disparates couvrent le sol en même temps qu'un nombre incroyable de bouteilles vides.

Dans les maisons bourgeoises, les tableaux ont été lacérés, les œuvres d'art brisées. Sur la porte de l'une d'elles, un vaste immeuble de bonne apparence, appartenant au docteur..., se lisait encore, quoiqu'à demi effacée, l'inscription suivante écrite à la craie : *Bitte dieses Haus zu schonen da wirklich friedliche gute Leute... (S) Bannach, Wachtmeister.* Je pénétrai dans cet immeuble, que l'on me disait avoir été habité par des officiers et que la sollicitude de l'un d'eux paraissait avoir sauvé de la dévastation générale. Dès le seuil, une odeur fade de vin répandu attirait l'attention sur des centaines de bouteilles vides ou brisées qui encombraient le vestibule, l'escalier et jusqu'à la cour donnant sur le jardin. Dans les appartements régnait un désordre inexprimable ; je marchais sur un lit de vêtements déchirés, de flocons de laine échappés de matelas éventrés, partout des meubles béants et dans toutes les chambres, à portée du lit, encore des bouteilles vides. La salle à manger en était encombrée, des douzaines de verres à vin couvraient la table et les guéridons, qu'entouraient les fauteuils et les canapés lacérés, tandis que dans un coin, un piano, au clavier maculé, paraissait avoir été défoncé à coups de botte. Tout indiquait que ces lieux avaient été, pendant bien des jours et des nuits, le théâtre de beuveries et de débauches ignobles. Sur la place du Marché, l'intérieur de la maison du notaire... offrait un spectacle semblable et, d'après ce que m'a affirmé un maréchal des logis de gendarmerie qui s'occupait avec ses hommes à remettre un peu d'ordre dans tout ce chaos, il en est de même de la plupart des maisons appartenant aux familles notables où les officiers allemands, avaient élu domicile.

Par fourgons entiers, ils enlèvent argenterie et bijoux

Une enquête approfondie établira, lorsque le moment sera venu l'importance du dommage subi par la ville et la population d'Aerschot.

Je crois pouvoir affirmer, dès à présent, que la ruine totale qui atteint cette population paisible et laborieuse est due à un pillage organisé bien plus qu'à l'incendie qui épargna, d'ailleurs certains quartiers.

Pendant trois semaines, de proche en proche, les soldats allemands ont dévalisé la presque totalité des maisons de la ville, détruisant partout les objets qui ne satisfaisaient pas leur cupidité, tandis que les officiers se réservaient les demeures les plus opulentes. Toutes les valeurs que leurs propriétaires n'eurent pas le temps de mettre à l'abri, l'argenterie, les bijoux de famille, l'argent monnayé ont ainsi disparu et les habitants affirment que l'incendie n'eut fréquemment d'autre but que de faire disparaître la preuve de vols particulièrement importants. Des fourgons entiers chargés de butin sont partis d'Aerschot dans la direction de la Meuse.

Quant à la cause initiale de la calamité qui s'est abattue sur cette cité sans défense, elle résiderait, d'après les autorités militaires allemandes, dans le meurtre d'un officier par un civil qu'elles désignent et qui a été aussitôt passé par les armes. Ce fait reste, d'ailleurs, à prouver, car il ne s'est pas trouvé un Aerschotois qui admît la culpabilité du fils Tielemans. Il suffit de retenir pour l'instant que, de l'aveu de l'envahisseur, la destruction d'Aerschot fut l'exécution d'une décision réfléchie ; aux yeux du commandant allemand, le massacre d'un nombre indéterminé d'innocents, la transportation au loin de plusieurs centaines d'autres, le traitement barbare infligé aux vieillards, aux femmes et aux enfants, la ruine de tant de familles, l'incendie et le sac d'une ville de 8.000 âmes seraient des représailles que l'acte d'un isolé suffit à justifier.

12 septembre 1914.

Orts,

Conseiller de légation,

Secrétaire de la Commission d'Enquête.

CINQUIEME RAPPORT

Anvers, le 25 septembre 1914.

A Monsieur Carton de Wiart, ministre de la Justice.

Monsieur le ministre,

L'armée belge, sortant du camp retranché d'Anvers, a refoulé, pendant les journées du 10 au 14 septembre, les troupes allemandes qui se trouvaient devant elle.

Occupant Malines, Aerschot et Diest, elle s'est avancée jusqu'aux portes de Tirlemont et de Louvain, en même temps qu'elle repoussait l'ennemi jusque Werchter et Vilvorde.

Les opérations militaires ont permis à de nombreux témoins des régions envahies de se rendre à Anvers.

D'autre part, un de nos secrétaires, M. Orts, a pu constater personnellement, dès l'expulsion des troupes allemandes, les ravages commis dans la ville d'Aerschot. Le rapport qu'il nous a fait vous a été transmis le 17 septembre.

Il vous aura édifié, Monsieur le ministre, sur les excès commis par les troupes allemandes. Les excès ont duré pendant toute l'occupation ; ils sont le fait aussi bien des troupes régulières que de la landsturm qui, vers la fin du mois d'août, a remplacé l'armée active.

Les assassinats, les pillages, les viols, les attentats contre les personnes et les propriétés n'ont cessé qu'au moment de l'entrée des forces belges dans Aerschot.

Il y a plus : la Landsturm n'a pas même respecté, dans les églises et les établissements religieux, les tabernacles, qui, jusque là, étaient demeurés intacts, par exemple au collège Saint-Joseph, et dans la chapelle de l'Institut des Picpus.

Un soldat belge, volontaire de carrière au 6e régiment de

ligne, nous a exposé le traitement odieux auquel ont été soumis de nombreux prisonniers et blessés belges à Aerschot. Blessé au bras gauche, il avait été fait prisonnier par les Allemands, le 18 août, au matin. Il fut conduit avec 27 autres prisonniers sur la chaussée qui longe le Démer. Deux compagnies allemandes s'y trouvaient. Tous les prisonniers furent chassés devant elles et fusillés.

Ceux qui, pour échapper à la fusillade, se jetèrent dans le Démer, y furent tués à coups de feu. Le témoin, à la première décharge, se jeta à terre, faisant le mort. Un soldat allemand s'approcha de lui et, voyant qu'il vivait, s'apprêta à l'achever en lui tirant un coup de feu. Un officier intervint, disant qu'une balle était de trop et ordonna de le jeter dans le Démer. Le témoin parvint à se raccrocher à la branche d'un buisson : appuyant les pieds sur les pierres du fond, il passa la nuit dans l'eau ; la tête seule émergeait.

Le lendemain, il sortit de la rivière, entra par les jardins dans une maison abandonnée, y revêtit des habits civils et, se joignant à des habitants qui fuyaient, parvint à se sauver. Des 28 prisonnniers, lui et un autre purent seuls échapper. Le témoin est actuellement en traitement dans une ambulance d'Anvers.

Vous connaissez, Monsieur le ministre, le prétexte invoqué par les Allemands pour expliquer leurs attentats. Ils veulent y voir des représailles destinées à venger le meurtre d'un de leurs généraux qui aurait été tué à Aerschot par le fils du bourgmestre.

Notre rapport du 28 août a démontré l'invraisemblance de cette version.

Le drame d'Aerschot

Les témoignages concordants des habitants d'Aerschot, entendus par nous, établissent que le coup de feu qui a atteint cet officier supérieur a été tiré par les troupes allemandes qui tiraillaient dans la ville.

Nous croyons devoir reproduire, au sujet de ces faits, une lettre qui nous parvient aujourd'hui même et dans laquelle Mme Tielemans, veuve de l'infortuné bourgmestre d'Aerschot, actuellement en sécurité à l'étranger, expose les évènements qui se sont produits :

« Lés faits se sont passés comme suit :

Vers quatre heures de l'après-midi, mon mari distribuait des cigares aux sentinelles postées à la porte. Je l'accompagnais. Voyant que le général et ses aides de camp nous observaient du haut du balcon, je lui conseillais de rentrer. A ce moment, jetant un coup d'œil sur la Grand'Place où campaient plus de deux mille Allemands, j'ai vu distinctement deux colonnes de fumée, suivies d'une fusillade ; les Allemands tiraient sur les maisons, envahissaient les maisons. Mon mari, mes enfants et les domestiques n'avons eu que le temps de nous précipiter dans l'escalier donnant dans la cave. Les Allemands tiraient même dans les vestibules.

Après quelques instants d'angoisses sans nom, un des aides de camp du général descend, disant : « Le général est mort ; où est le bourgmestre ? » Mon mari me dit : « Ceci sera grave pour moi. » Comme il s'avançait, je dis à l'aide de camp : « Vous pouvez constater, Monsieur, que mon mari n'a pas tiré ». « C'est égal me répond-il ; il est responsable. » Mon mari fut emmené. Mon fils, qui était à mes côtés, nous a conduits dans une autre cave.

Le même aide de camp est venu me l'arracher, le faisant marcher devant lui à coups de pied. Le pauvre enfant pouvait à peine marcher. Le matin, en entrant dans la ville, les Allemands avaient tiré dans les fenêtres des maisons ; une balle avait pénétré dans la chambre de mon fils et, ricochant, l'avait blessé au mollet. Après le départ de mon mari et de mon fils, j'ai été conduite dans toute la maison par des Allemands qui braquaient leur revolver sur ma tête. J'ai dû voir leur général mort.

Puis on nous a jetées, ma fille et moi, hors de la maison, sans paletot, sans rien. On nous a parquées sur la Grand'Place. Nous étions entourées d'un cordon de soldats et devions voir l'embrasement de notre chère cité. C'est là qu'à la clarté sinistre de l'incendie, j'ai vu pour la dernière fois, vers une heure du matin, le père et le fils, liés l'un à l'autre. Suivis de mon beau-frère, ils allaient au supplice.

Ces mauvais m'ont pris tout ce que j'aimais et maintenant ils voudraient enlever l'honneur d'un nom que je suis fière de porter. Non, Monsieur le Ministre, je ne puis laisser s'accréditer ce mensonge. Sur l'honneur, je vous affirme que nous ne possédions plus une arme.

Ma tête a été mise a prix ; j'ai dû fuir de village en village. N'était-ce pas pour faire disparaître un témoin ? »

***

Il résulte de nombreux témoignages que dans bien des localités rurales des environs d'Aerschot, de Diest, de Malines et de Louvain, le désastre est plus grand encore qu'à Aerschot. Des villages entiers ont été anéantis. La population, réfugiée dans les bois, manque d'abri et de pain. Dans les fossés gisent le long des routes, sans sépulture, de malheureux paysans, des femmes, des enfants tués par les Allemands. Dans les puits, des cadavres ont été jetés et contaminent les eaux.

Des blessés de tout âge et de tout sexe ont été abandonnés sans soins.

Un médecin préposé au service d'une ambulance à Malines, nous a décrit l'état horrible dans lequel il a trouvé de pauvres gens laissés ainsi sans traitement pendant plusieurs jours. Entre autres, un homme d'une trentaine d'années s'était réfugié avec sa famille dans une fosse à purin qu'il avait vidée. Les Allemands survinrent, soulevèrent le couvercle et tirèrent dans la fosse. L'homme fut atteint d'affreuses blessures. Il resta cinq jours sans soins. La jambe était en complète putréfaction. L'amputation jusqu'à la cuisse a été nécessaire.

Des habitants mâles, en grand nombre, ont été réquisitionnés dans toute la région ; la plupart ont été employés à creuser des tranchées, à effectuer des travaux de défense contre nos troupes, au mépris des lois de la guerre. Pendant les engagements, d'autres ont été fréquemment obligés à marcher devant le front des troupes allemandes. Un grand nombre ne sont pas revenus.

A Aerschot, du 30 août au 6 septembre, beaucoup d'habitants mâles ainsi enlevés par les soldats allemands, ont été enfermés dans l'église avec une trentaine d'ecclésiastiques. Ils y ont été laissés sans autre nourriture que du pain aigre, en quantité tout à fait insuffisante.

A s'en tenir aux indications contenues dans le carnet d'Allemands faits prisonniers par nos troupes, au moment où elles réoccupèrent Aerschot, ces personnes furent envoyées en Allemagne.

On lit, en effet, dans le carnet du soldat Karl Bertram, de Westeregeln, près de Magdebourg : « Nous avons enfermé 450 hommes à l'église d'Aerschot ; moi, je me trouvais près de l'église à ce moment. »

Un autre carnet ne portant pas l'indication du nom de son propriétaire, contient la mention suivante : « Le 6 septembre, nous avons expédié trois cents Belges en Allemagne ; parmi eux, se trouvent 21 curés. »

Les vases sacrés qui n'avaient pas été mis en lieu sûr, n'ont pas échappé au vandalisme.

Un honorable ecclésiastique nous a représenté le pied d'un ciboire dérobé à l'église d'Hofstade. La partie supérieure, en vermeil, avait été conservée ; le pied, en cuivre doré, avait été retrouvé sur la route. Les pierres précieuses qui l'ornaient avaient été desserties.

Ce n'est que lorsque l'occupation allemande aura pris fin que l'on pourra dresser, commune par commune, ville par ville, le funèbre bilan des atrocités allemandes.

Les renseignements que recueille la commission, soit en procédant directement à l'audition des témoins, soit en chargeant des magistrats d'y pourvoir dans la partie non envahie du pays, ne peuvent, le plus souvent, relater que des faits isolés. Ils ne peuvent embrasser les situations d'ensemble, chaque témoin n'ayant vu qu'une partie des scènes dont une localité a été le théâtre.

De plus, chaque témoignage doit être sérieusement contrôlé. Ce n'est que lorsque les faits signalés semblent, par l'accumulation des preuves, à l'abri de toute discussion, que la commission en fait état.

Ainsi s'explique comment les conclusions de la commission n'ont guère porté jusqu'ici que sur des faits commis dans certaines localités de la province d'Anvers et de la province de Brabant. Le dégagement des Flandres et du Limbourg permettra sans doute d'envisager d'une manière méthodique et complète les ravages subis par ces provinces.

Ce sera l'objet de prochains rapports, en attendant que nous puissions étendre nos investigations au Luxembourg et au Hainaut, provinces d'où commence à nous arriver l'écho de faits non moins horribles.

***

Dès à présent, à raison des dernières opérations militaires, nous pouvons préciser les faits qui ont amené le sac de Louvain et en déterminer l'étendue, nous réservant cependant de revenir encore sur ce pénible sujet, quand nous aurons éclairci certains incidents relatifs au rôle des autorités allemandes.

Avant l'entrée des armées allemandes, M. le bourgmestre Colins avait fait placarder sur les murs de Louvain une affiche pour exhorter la population au calme. La population était terrorisée. De nombreux habitants avaient quitté la ville. Ceux qui avaient eu le courage de rester étaient décidés à suivre les conseils de M. le bourgmestre et à accueillir les armées ennemies avec calme et dignité.

Les parlementaires allemands pénétrèrent dans la ville le mercredi 19 août, vers deux heures de l'après-midi. Ils s'étaient faits précéder par M. le doyen de Louvain : les rues étaient désertes.

Dès leur arrivée, les Allemands firent dans une forme grossière et brutale d'énormes réquisitions de vivres, évaluées à plus de 100.000 francs. Des troupes très nombreuses firent une entrée triomphale vers 2 heures et demie. Les chants de triomphe et les musiques redoublaient d'entrain lorsque les troupes croisaient des soldats belges blessés et mourants amenés de Bautersem et des localités où des combats avaient eu lieu.

Les soldats allemands s'installèrent de préférence chez les habitants, alors que des casernes et des établissements publics mis à leur disposition demeuraient inoccupés. Ils pénètrèrent de force dans les maisons abandonnées, brisant les portes à coups de hache, et dès ce moment, en saccagèrent quelques-unes.

Le 20 août, M. Van der Kelen, sénateur, et M. Colins, bourgmestre de la ville, furent retenus comme otages. De nombreuses affiches furent placardées en ville, portant notamment interdiction de circuler après 8 heures du soir, obligation de déposer à l'Hôtel de Ville, sous peine d'être fusillé, les armes, munitions essences pour autos, obligation dans certaines rues de laisser les portes ouvertes et les fenêtres éclairées la nuit.

L'autorité allemande, représentée par M. le commandant de place Mannteuffel, réclama le paiement d'une indemnité de guerre de 100.000 francs ; à la suite de pourparlers, elle en réduisit le montant à 3.000 francs. Elle fit remettre en liberté les délinquants de nationalité allemande détenus pour faits de droit commun, dans les prisons de Louvain. On ignore ce qu'ils devinrent.

Les jours suivants, de nouvelles réquisitions furent faites. Monseigneur Ladeuze, recteur de l'Université. M. de Bruyn, vice-président du tribunal, M. le notaire Van den Eynde, conseiller provincial, et diverses autres personnalités furent pris comme otages.

Les autorités allemandes se rendirent dans les banques privées et saisirent l'encaisse : elles trouvèrent 300 francs à la Banque de la Dyle et 12.000 francs à la Banque populaire.

Pendant toute cette période, la soldatesque allemande avait déjà commis de nombreux attentats contre des femmes et des jeunes filles, tant dans la ville de Louvain que dans les environs.

Comme nous l'avons déjà constaté dans notre rapport du 31 août, les troupes allemandes masquant Anvers furent refoulées, le 28 août, par l'armée belge jusqu'à Louvain. Des témoignages précis sont venus confirmer nos conclusions. Nous croyons pouvoir considérer comme établi qu'un échange de coups de feu se produisit sur plusieurs points de la ville entre les troupes allemandes revenant en désordre de Malines, la petite garnison allemande restée à Louvain et des troupes allemandes arrivées dans l'après-midi de la direction de Liège.

Un religieux nous affirme avoir assisté à un combat qui s'est livré rue des Joyeuses-Entrées, entre des troupes allemandes, et avoir compté dans cette seule rue, au moment où le feu cessa, près de 60 cadavres de soldats allemands. Aucun cadavre de civil se trouvait dans la rue.

Dès ce moment, une vive fusillade éclata simultanément sur différents points de la ville, notamment à la porte de Bruxelles, à la porte de Tirlemont, rue Léopold, rue Marie-Thérèse, rue des Joyeuses-Entrées. Les soldats allemands tiraient dans tous les sens parmi les rues désertes. Ce fut une vraie panique où les officiers avaient perdu le contrôle de leurs hommes.

Peu de temps après, les incendies éclataient de toute part, notamment aux Halles universitaires qui contenaient la bibliothèque et les archives de l'Université, à l'église de Saint-Pierre, à la place du Peuple, rue de la Station, boulevard de Tirlemont, chaussée de Tirlemont.

Sur l'ordre de leurs chefs, les soldats allemands enfonçaient les portes des maisons et y mettaient le feu au moyen de fusées. Ils tiraient sur les habitants qui tentaient de sortir de leurs demeures. De nombreuses personnes réfugiées dans leurs caves, furent brûlées vives. D'autres atteintes par des coups de feu au moment où elles voulaient sortir du brasier.

Beaucoup d'habitants de Louvain qui étaient parvenus à sortir de leurs maisons en s'échappant par les jardins, furent conduits sur la place de la Station, où une dizaine de cadavres civils étaient étendus. Ils furent brutalement séparés de leurs femmes et de leurs enfants et dépouillés de ce qu'ils emportaient.

Notre rapport du 31 août vous a exposé, Monsieur le Ministre, les tortures physiques et morales qui ont été imposées à un groupe de 75 d'entre eux. D'autres, en grand nombre, furent conduits à la gare, entassés dans des wagons à bestiaux et, après un voyage de 26 heures, sans recevoir de nourriture, arrivèrent à Cologne.

Le lendemain de leur arrivée en cette ville, après une nuit passée dans une baraque foraine où ils reçurent un peu de pain et d'eau, beaucoup d'entre eux furent entassés, à quinze par compartiment, dans des voitures de troisième classe et reconduits à Bruxelles, où ils parvinrent en état de complet épuisement, le dimanche, 30 août. Pour la première fois depuis leur arrestation, ils purent se nourrir à satiété. Ils furent ensuite conduits jusqu'aux avant-postes allemands devant Malines et relâchés. Beaucoup ne sont pas revenus jusqu'ici.

D'autres enfin, spécialement des membres du clergé, notamment Mgr Ladeuze, recteur de l'Université, et Mgr de Becker, recteur du Collège américain, furent envoyés dans la direction de Bruxelles. Plusieurs d'entre eux notamment le Père Depierreux, de la Compagnie de Jésus, furent fusillés en cours de route. Tous subirent de réelles tortures.

Les femmes et les enfants demeurèrent sans nourriture sur la place de la Station, pendant toute la journée du 26 août. Ils assistèrent à l'exécution d'une vingtaine de leurs concitoyens, parmi lesquels se trouvaient plusieurs prêtres et religieux qui, liés quatre par quatre, furent fusillés à l'extémité de la place sur le trottoir qui longe la propriété de Monsieur Hamaide. Un simulacre d'exécution de Mgr Coenraerts, vice recteur de l'Université, et du Père Schmit, de l'Ordre des Frères Prêcheurs, eut lieu devant eux. Une salve retentit et les témoins, convaincus de la réalité du drame, furent contraints à applaudir.

Ces femmes et ces enfants furent relâchés dans la nuit du 26 au 27 août.

Le jeudi 27 août, à 8 heures, ordre fut donné à tous les habitants de quitter Louvain, la ville devant être bombardée.

Vieillards, femmes, enfants, malades, aliénés colloqués, religieux, religieuses, furent chassés brutalement sur toutes les routes comme un troupeau. Ce que furent l'exode des habitants, les atrocités commises, on commence seulement à le savoir : ils furent chassés au loin, sous la direction de soldats brutaux, dans des directions diverses, forcés de s'agenouiller et de lever les bras à chaque passage d'officiers et de soldats allemands, sans nourriture et la nuit sans abri.

Plusieurs moururent en route : d'autres, parmi lesquels des femmes et des enfants qui ne pouvaient suivre, ainsi que des ecclésiastiques furent fusillés. Plus de 10.000 habitants furent poussés jusqu'à Tirlemont, ville située à près de 20 kilomètres de Louvain. Ce que dut être leur calvaire, on ne peut le décrire. Beaucoup d'entre eux furent encore repoussés le lendemain de Tirlemont jusque Saint-Trond et Hasselt.

Pour ne citer qu'un exemple, il nous suffira de dire qu'un groupe de 12 ecclésiastiques, comprenant le curé de Saint-Joseph, M. Noël, professeur à l'Université, le père recteur de Scheut, a été arrêté, en cours de route, sous la commune de Lovenjoul. Ils ont été injuriés de toutes les façons, enfermés dans une porcherie dont les Allemands avaient, sous leurs yeux, fait sortir le porc, puis certains d'entre eux ont été forcés d'enlever tous leurs vêtements ; tous ont été frappés, dépouillés de toutes les valeurs et de tous les objets précieux qu'ils emportaient et fusillés.

L'expulsion des habitants semble avoir eu pour mobile de faciliter le pillage. Les soldats étaient si pressés de voler que plusieurs témoins affirment avoir vu commencer le pillage de leurs habitations au moment même où ils devaient les quitter.

Le pillage, commencé le jeudi 27 août, dura huit jours. Par bandes de 6 ou 8, les soldats enfonçaient les portes ou brisaient les fenêtres, pénétraient dans les caves, se grisaient de vin, saccageaint les meubles, éventraient les coffres-forts, volaient l'argent, les tableaux, les œuvres d'art, l'argenterie, le linge les vêtements, le vin, les provisions.

Les carnets de campagne trouvés sur les soldats allemands faits prisonniers à Aerschot contiennent des aveux irrécusables.

Klein, Gaston, appartenant à la 1re compagnie de Landsturm, écrit sous la date du 29 août :

« A partir de Roosbeek nous commencions à avoir un aperçu de la guerre ; maisons incendiées, murs troués par des balles, cadran de la tour enlevé par un obus, etc. Quelques croix isolées indiquaient la tombe des victimes. Nous arrivons à Louvain qui était une véritable fourmilière militaire. Le bataillon de la Landsturm de Halle arrive traînant après lui toutes sortes de choses, surtout des bouteilles de vin et, parmi eux, il y en avait beaucoup qui étaient ivres. Un peloton de dix cyclistes roulait à travers la ville pour chercher du logement et en montrait une image de dévastation telle qu'il est impossible de s'en faire une idée pire. Des maisons brûlant et s'effondrant, entouraient les rues : quelques rares maisons demeuraient debout. La course se poursuivait sur des débris de verre ; des morceaux de bois brûlaient, etc. Les fils conducteurs du tram et ceux du téléphone traînaient dans les rues et les obstruaient.

« Les stations encore debout étaient remplies de « logés ». De retour à la gare, personne ne savait ce qui devait se faire. D'abord quelques troupes seulement se seraient rendues en ville, mais alors le bataillon allait en rangs serrés en ville, pour entrer par effraction dans les premières maisons pour marauder du vin et autre chose aussi, pardon, réquisitionner. *Ressemblant à une meute en débandade, chacun y alla à sa fantaisie. Les officiers précédaient et donnaient le bon exemple.*

« Une nuit, dans une caserne, de nombreux ivrognes, ce fut fini.

« *Cette journée m'inspira un mépris que je ne saurais décrire.* »

Un autre prisonnier écrit à sa femme, Anna Manniget, à Magdebourg :

« Nous sommes arrivés à Louvain, à 7 heures du soir. Je ne pouvais pas t'écrire à cause de l'aspect lugubre de Louvain. De tous côtés, la ville brûlait. Là où il ne brûlait pas, c'était la destruction ; nous avons pénétré dans les caves où nous nous sommes bien remplis. »

Une grande partie du butin, chargé sur des fourgons militaires, a été transporté ensuite par trains en Allemagne.

L'incendie et le pillage ne cessèrent que le mercredi 2 septembre. Ce jour-là encore, quatre incendies furent allumés par des soldats allemands, un rue Léopold et trois rue Marie-Thérèse.

Sans compter les Halles universitaires et le Palais de justice, 894 maisons ont été incendiées sur le territoire de la ville de Louvain, 500 environ sur celui du faubourg de Kessel-Loo. Le faubourg de Herent, la commune de Corbeek-Loo ont été presque entièrement détruits.

Le 25 août, alors qu'ils allumaient l'incendie, les Allemands détruisaient les pompes à incendie et l'échelle Porta ; ils tiraient sur les personnes qui montaient sur les toits pour éteindre le feu.

Le faubourg de Héverlé a été respecté pour une raison que nous ne pouvons déterminer, mais que d'aucuns prétendent trouver dans le fait que le duc d'Arenberg, sujet allemand, y possède de très nombreuses propriétés.

Sur beaucoup d'habitations, de même que sur certaines maisons épargnées à Louvain, se trouvait une petite affiche portant imprimée l'inscription suivante :

« Dieses Haus darf nicht betreden werden.

« Es ist sterngtens verboten Hauser in brand zu setzen ohne Genehmigung der Commandantur.

« Der Etappen-Commandant. »

(cachet).

D'autres habitations d'Héverlé, qui ont été respectées, portaient seulement en grandes lettres le nom de la commune.

Il serait impossible de déterminer actuellement le nombre des victimes. A la date du 8 septembre, quarante-deux cadavres avaient été retirés des décombres.

Pour justifier les atrocités qu'ils ont commises, les Allemands prétendent que des civils ont tiré sur leurs troupes. Nos rapports précédents ont déjà rencontré cette allégation mensongère.

La vérité est que partout le meurtre de citoyens paisibles, le pillage, le vol semblent avoir été méthodiquement organisés, Un témoin de nationalité étrangère nous a rapporté avoir entendu, le 26 août, devant l'Hôtel de Ville de Louvain, un officier allemand dire à ses troupes que jusqu'à ce moment les Allemands n'avaient incendié que des villages ou des localités d'importance secondaire que pour la première fois, on allait assister à l'embrasement d'une grande ville.

L'incendie suit presque toujours le pillage ; il paraît n'avoir d'autre but que d'en faire disparaître les traces. Fréquemment les maisons sont incendiées au moyen de fusées ; d'autre fois elles sont arrosées de pétrole ou de naphte au moyen de pompes ; d'autre fois, enfin, pour activer l'incendie, les soldats allemands se servent de pastilles dont nous possédons des échantillons. L'analyse à laquelle nous avons fait procéder nous révèle que ces pastilles sont fabriquées avec de la nitrocellulose gélatinée.

Le pillage, l'incendie se font sur l'ordre de l'autorité supérieure. Une partie du butin, la plus importante semble-t-il, est expédiée en Allemagne.

La commission croit devoir, à ce propos, vous signaler une déposition intéressante.

La supérieure d'un établissement religieux, situé dans une localité rurale soumise au pillage, est venue déclarer qu'après le sac de la commune, un soldat allemand lui a remis une somme de un franc 8 centimes, lui disant que si le pillage lui était imposé il ne voulait pas en profiter, n'étant pas un voleur. Un sous-officier allemand l'a priée de remettre à Mlle V. D. une montre, une chaîne et un bracelet en or qu'il avait enlevés chez elle.

Il n'est dans les ravages dont la Belgique a été l'objet qu'un seul motif: le désir de terroriser les populations, la volonté de se venger d'une résistance à laquelle l'Empire allemand ne pouvait s'attendre.

Les faits le démontrent : chaque sortie de troupes belges du camp d'Anvers est suivie de nouveaux attentats, que l'envahisseur ne cherche même plus à justifier. La ville d'Aerschot en est un nouvel exemple. Le premier soin des Allemands en rentrant, après le 10 septembre, dans la ville a été d'anéantir ce qui avait échappé à leur première œuvre de destruction.

Le président,

(s) Cooreman.

Les secrétaires,

(s) Ch[er] Ernst de Bunswyk,

Orts.

SIXIÈME RAPPORT

Le Havre, le 10 novembre 1914.

Monsieur le ministre,

Vingt-deux Universités allemandes ont envoyé aux Universités étrangères une adresse de protestation contre les accusations dont les troupes allemandes sont l'objet.

Cette adresse, signée par les recteurs des Universités de Tubingue, Berlin, Bonn, Breslau, Erlangen, Francfort, Fribourg, Giessen, Gœtingue, Greifswald, Halle, Heidelberg, Iéna, Kiel, Kœnigsberg, Leipzig, Marburg, Munich, Munstein, Rostoc, Strasbourg et Wurzbourg, débute en ces termes :

« Vous tous, qui, savez que notre armée n'est point une armée de mercenaires, qu'elle comprend toute la nation du premier au dernier homme, qu'elle est conduite par les meilleurs fils du pays, qu'à cette heure, des milliers de professeurs et d'élèves tombent comme officiers ou soldats sur les champs de bataille de France ou de Russie, vous tous qui avez lu et entendu en quel esprit et avec quel succès la jeunesse est chez nous instruite et élevée, qui savez combien nous inculquons le respect et l'admiration des chefs-d'œuvre de l'esprit humain, quel que soit le pays auquel ils appartiennent, nous vous prions d'être nos témoins et de dire si ce que nos ennemis rapportent est vrai et s'il est exact que l'armée allemande soit une horde de barbares et une bande d'incendiaires qui trouvent plaisir à détruire les innocents, les villages et à détruire les monuments d'art et d'histoire ; et si vous voulez rendre honneur à la vérité, vous serez convaincus avec nous que là où les troupes allemandes durent accomplir une œuvre de destruction elles cédèrent aux impitoyables lois de la défense dans le combat. »

Leur mauvaise foi

Les faits sont plus forts que toutes les affirmations. Aux protestations doctorales des Universités d'Allemagne, la commission d'enquête oppose ses constatations. Il n'est pas un fait cité par elle dont elle ne puisse fournir la preuve.

Il est, au surplus, des documents dont les Universités allemandes ne pourront songer à discuter l'authenticité. Ce sont les proclamations émanant des chefs de l'armée envahissante, dont l'inconscience semble égaler la cruauté.

Pour l'édification de la conscience publique, la commission croit devoir publier quelques-unes de ces proclamations. Elles ont toutes un accent de famille nettement caractérisé.

1. — *Proclamation distribuée le 4 août* 1914.

Le mardi 4 août 1914, vers 10 heures du matin, les premiers soldats allemands arrivèrent à Warsage (route d'Aix-la-Chapelle à Visé).

C'était une petite troupe d'environ vingt-cinq cavaliers, conduits par un officier.

Les soldats distribuèrent aux habitants quelques exemplaires d'un document imprimé dont voici la copie *textuelle* :

« Au peuple belge !

« C'est à mon plus grand regret que les troupes allemandes se voient forcées de franchir la frontière de la Belgique. Elles agissent sous la contrainte d'une nécessité inévitable, la neutralité de la Belgique ayant été déjà violée par les officiers français qui, sous un déguisement, avaient traversé le territoire belge en automobile pour pénétrer en Allemagne.

« Belges ! C'est notre plus grand désir qu'il y ait encore moyen d'éviter un combat entre deux peuples qui étaient amis jusqu'à présent, jadis même alliés. Souvenez-vous du glorieux jour de Waterloo où c'étaient les armes allemandes qui ont contribué à fonder et établir l'indépendance et la prospérité de votre patrie.

« Mais il nous faut le chemin libre. Des destructions de ponts, de tunnels, de voies ferrées devront être regardées comme des actions hostiles.

« Belges, vous avez à choisir.

« J'espère donc que l'armée de la Meuse ne sera pas contrainte de vous combattre. Un chemin libre pour attaquer celui qui voulait nous attaquer, c'est tout ce que nous désirons.

« Je donne des garanties formelles à la population belge

qu'elle n'aura rien à souffrir des horreurs de la guerre ; que nous payerons en or monnayé les vivres qu'il faudra prendre du pays ; que nos soldats se montreront les meilleurs amis d'un peuple pour lequel nous éprouvons la plus haute estime, la plus grande sympathie.

« C'est de votre sagesse et d'un patriotisme bien compris qu'il dépend d'éviter à votre pays les horreurs de la guerre.

« Le général commandant en chef l'armée de la Meuse.

« VON EMMICH. »

II. — Proclamation faite par le général commandant en chef de la 2e armée, von Bulow.

« Au peuple belge,

« Nous avons été obligés d'entrer dans le territoire belge pour sauvegarder les intérêts de notre défense nationale.

« Nous combattons avec l'armée belge uniquement pour forcer le passage vers la France, que votre gouvernement a refusé à tort, quoiqu'il eût toléré la reconnaissance militaire des Français, fait que vos journaux vous ont laissé ignorer (1).

---

(1) Inutile d'insister longuement sur le caractère fantaisiste de cette affirmation. Le gouvernement belge n'a pas eu à tolérer de reconnaissauce militaire des Français, aucune violation de son territoire n'ayant été faite par la France. L'ultimatum de l'Allemagne le reconnaît complètement :

« Le gouvernement allemand a reçu des nouvelles sûres d'après lesquelles les forces françaises auraient l'intention de marcher sur la Meuse par Givet et Namnr... C'est un devoir impérieux de conservation pour l'Allemagne de prévenir cette attaque de l'ennemi. » (*Livre Gris*, pièce 29).

Le chancelier de l'empire d'Allemagne l'a reconnu formellement dans le discours qu'il a prononcé au Reichstag, le 4 août 1914 : « Nous nous trouvons en état de légitime défense et la nécessité ne connaît pas de loi.

« Nos troupes ont occupé le Luxembourg et peut-être la Belgique. Cela est en contradiction avec les prescriptions du droit des gens. La France a, il est vrai, déclaré à Bruxelles qu'elle était résolue à respecter la neutralité de la Belgique aussi longtemps que l'adversaire la respecterait. Mais nous savions que la France se tenait prête pour envahir la Belgique. La France pouvait attendre. Nous, pas. Une attaque française sur notre flanc dans la région du Rhin supérieur aurait pu devenir fatale. C'est ainsi que nous avons été forcés de passer outre aux protestations justifiées des gouvernements luxembourgeois et belge. L'injustice que nous commettons

« La population pacifique de la Belgique n'est point notre ennemie ; bien au contraire, nous la traiterons avec ménagement et bénévolence, pourvu qu'elle prouve, par le fait, ses sentiments paisibles.

« Mais nous sévirons contre toute tentative de la population d'opposer de la résistance aux troupes allemandes ou de faire tort à nos intérêts militaires.

« Donné à Montjoie, le 9 août 1914,

« Le général commandant en chef de la 2e armée,
« VON BULOW. »

III. — Affiche placardée à Hasselt, le 17 *août* 1914.

« Chers Concitoyens,

« D'accord avec l'autorité militaire supérieure allemande, j'ai l'honneur de vous recommander à nouveau de vous abstenir de toute manifestation provocante et de tous actes d'hostilité qui pourraient attirer à notre ville de terribles représailles.

« Vous vous abstiendrez surtout de sévices contre les troupes allemandes et notamment de tirer sur elles.

« Dans le cas où des habitants tireraient sur des soldats de l'armée allemande, le tiers de la population mâle serait passé par les armes.

« Je vous rappelle que les rassemblements de plus de cinq personnes sont strictement défendus et que les personnes qui contreviendraient à cette défense, seront arrêtées séance tenante.

« Hasselt, le 17 août 1914.

« Le bourgmestre,
« Ferd. PORTMANS. »

IV. — Extrait d'une Proclamation aux autorités communales de la ville de Liège.

« Le 22 août 1914.

« Les habitants de la ville d'Andenne, après avoir protesté

---

de cette façon, nous la réparerons dès que notre but militaire sera atteint.

« A celui qui est menacé au point où nous le sommes et qui lutte pour son bien suprême, il n'est permis que de songer au moyen de se dégager ». (*Livre Gris*, pièce 35).

de leurs intentions pacifiques, ont fait une surprise traître sur nos troupes (1).

« C'est avec mon consentement que le général en chef a fait brûler toute la localité et que cent personnes environ ont été fusillées. (2)

« Je porte ce fait à la connaissance de la ville de Liège pour que les Liégeois se représentent le sort dont ils sont menacés, s'ils prenaient pareille attitude.

« Le général commandant en chef :
« VON BULOW. »

V. — Proclamation affichée à Namur le 25 *août* 1914.

« 1. — Les soldats belges et français doivent être livrés comme prisonniers de guerre avant quatre heures devant la prison. Les citoyens qui n'obéiront pas seront condamnés aux travaux forcés à perpétuité en Allemagne.

« L'inspection sévère des immeubles commencera à quatre heures. Tout soldat trouvé sera immédiatement fusillé.

« 2. — Armes, poudre, dynamite doivent être remis à 4 h. Peine : fusillade.

« Les citoyens connaissant un dépôt doivent en prévenir le bourgmestre, sous peine de travaux forcés à perpétuité.

« 3. — Toutes les rues seront occupées par une garde allemande qui prendra dix otages dans chaque rue qu'ils garderont sous leur surveillance. Si un attentat se produit dans la rue, les dix otages seront fusillés.

« 4. — Les portes ne peuvent être fermées à clef et, la nuit, à partir de 8 heures, trois fenêtres doivent être éclairées dans chaque maison.

« 5. — Interdiction de se trouver dans la rue après 8 heures. Les Namurois devront comprendre qu'il n'y a pas crime plus grand et plus horrible que de compromettre par des attentats contre l'armée allemande, l'existence de la ville ou la vie des habitants.

« Le commandant de la place,
« VON BULOW. »

« Namur, 25 août 1914. »

« (Imprimerie Chantraine). »

---

(1) C'est là une simple affirmation, contredite par les habitants.

(2) En réalité, plus de 400 personnes ont disparu ; plus de 200 ont été fusillées. Tout est à peu près ravagé. Sur une distance de 3 lieues au moins, les maisons sont brûlées. (Séance de la commission d'enquête du 11 septembre 1914, 1er témoin).

VI. — Lettre adressée, le 27 août 1914, par le lieutenant-général von Nieber au bourgmestre de Wavre.

« Le 22 août 1914, le général commandant la 2e armée, M. de Bulow, imposait à la ville de Wavre une contribution de guerre de trois millions de francs payables jusqu'au 1er septembre pour expier la conduite inqualifiable et contraire au droit des gens et aux usages de la guerre en attaquant par surprise des troupes allemandes.

« Le général commandant de la 2e armée vient de donner au général en chef de l'étape de la 2e armée l'ordre de rentrer sans retard ladite contribution, qu'elle doit payer à cause de sa conduite.

« Je vous ordonne et je vous somme de remettre au porteur de la présente les deux premières quotes-parts, soit deux millions de francs en or.

« Je demande, en outre, de donner au porteur une lettre dûment scellée du sceau de la ville, déclarant que le solde, soit un million de francs, sera versé sans aucune faute le 1er septembre.

« J'attire l'attention de la ville qu'elle ne pourra compter en aucun cas sur une prolongation de délai, car la population civile de la ville s'est mise hors du droit des gens en tirant sur les soldats allemands.

« La ville de Wavre sera incendiée et détruite si le paiement ne s'effectue pas à terme utile, sans égards pour personne, les innocents souffriront avec les coupables. » (1)

VII. — Proclamation affichée le 8 septembre 1914, à Grivegnée.

Commune de Grivegnée.

AVIS TRÈS IMPORTANT

Monsieur le major-commandant Dieckmann, du château des Bruyères, me prie de porter ce qui suit à la connaissance des habitants :

Bataillon Dieckmann,
Château des Bruyères, le 6 septembre 1914.

---

(1) A Wavre, une cinquantaine de maisons ont été brûlées. Les conseillers municipaux, un échevin et un vicaire de Basse-Wavre ont été pris comme otages. Pour expliquer leurs actes, les Allemands ont prétendu que les civils avaient tiré sur leurs troupes. En réalité, ici comme ailleurs, les civils n'ont pris aucune part aux hostilités. Une enquête médicale a démontré que le soldat allemand qui avait été blessé, l'avait été par une balle allemande (Séance de la Commission d'enquête du 7 septembre 1914, 3e témoin).

A la présente discussion assistaient :

1) M. le curé Fryns, de Bois-de-Breux ;
2) M. le curé Franssen, de Beyne ;
3) M. le curé Lepropres, de Heusay ;
4) M. le curé Paquay, de Grivegnée ;
5) M. le bourgmestre Dejardin, de Beyne ;
6) M. le bourgmestre Hodeige, de Grivegnée ;
7) M. le major Dieckmann ;
8) M. le lieutenant d. R. Reil.

M. le major Dieckmann porte ce qui suit à la connaissance des personnalités présentes.

1. — Jusqu'au 6 septembre 1914, à 4 heures de relevée, toutes les armes, munitions, explosifs, pièces d'artifice qui sont encore en possession des citoyens, seront remises au Château des Bruyères. « Celui qui ne le fera pas sera passible de la peine de mort. Il sera fusillé sur place ou passé par les armes à moins qu'il prouve qu'il n'est pas fautif. »

2. — Tous les habitants des maisons occupées des localités de Beyne-Heusay, Grivegnée, Bois-de-Breux, Fléron, devront rentrer chez eux à partir de la chute du jour (en ce moment à partir de 7 heures du soir — heure allemande). Les maisons désignées seront éclairées aussi longtemps que quelqu'un y sera sur pied. Les portes d'entrée seront fermées. Celui qui ne se conformera pas à ces prescriptions s'exposera à des peines sévères. « Toute résistance quelconque contre ces ordres entraînera le mort. »

3. — Le commandant ne doit rencontrer aucune difficulté dans ses visites domiciliaires. On est prié sans sommation, de montrer toutes pièces de la maison. Quiconque s'y opposera sera sévèrement puni.

4. — A partir du 7 septembre, à 9 heures du matin, je permettrai l'occupation des habitations de Beyne-Heusay, Grivegnée, Bois-de-Breux, par les personnes qui y demeuraient précédemment, aussi longtemps qu'aucune défense formelle de fréquenter ces lieux n'aura été prononcée pour les habitants susvisés.

5. — Pour avoir la certitude qu'il ne sera pas abusé de cette permission, les bourgmestres de Beyne-Heusay et de Grivegnée devront dresser immédiatement des listes de personnalités qui seront retenues, par alternance de 24 heures, comme otages, au fort de Fléron. Le 6 septembre 1914, pour la première fois, de 6 heures du soir jusqu'au 7 septembre, à midi.

Il y va de la vie de ces otages à ce que la population des

communes précitées se tienne paisible en toutes circonstances.

Pendant la nuit, il est sévèrement défendu de produire des signaux lumineux quelconques. La circulation des vélocipèdes n'est autorisée que de 7 heures du matin à 5 heures du soir (heure allemande).

6. — Je désignerai, hors des listes qui me sont soumises, les personnalités qui, de midi d'un jour à midi de l'autre jour, ont à séjourner comme otages. Si le remplacement n'a pas lieu en temps utile, l'otage reste de nouveau 24 heures au fort. Après ces nouvelles 24 heures, l'otage encourt la peine de mort si le remplacement n'est pas fait.

7. — Comme otages, sont placés en première ligne, les prêtres, les bourgmestres et les autres membres de l'administration.

8.— J'exige que tous les civils qui circulent dans ma circonscription, principalement ceux des localités de Beyne-Heusay, Fléron, Bois-de-Breux, Grivegnée, témoignent de la déférence envers les officiers allemands, en ôtant leurs chapeaux ou en portant la main à la tête comme pour le salut militaire. En cas de doute, on doit saluer tout militaire allemand. Celui qui ne s'exécute pas doit s'attendre à ce que les militaires allemands se fassent respecter par tous les moyens.

9. — Il est permis aux militaires allemands de visiter les véhicules, paquets, etc, de tous les habitants des alentours. Toute résistance à ce sujet sera punie sévèrement.

10. — Celui qui a connaissance que des quantités supérieures à 100 litres de pétrole, benzine, benzol et d'autres liquides analogues se trouvent à un endroit déterminé des communes précitées et qui ne l'a pas annoncé au commandant militaire qui y siège, lorsqu'il n'y a aucun doute sur le lieu et la quantité, encourt la mort. Les quantités de 100 litres sont seulement visées.

11. — Celui qui n'optempère pas de suite au commandement « levez les bras » se rend coupable (*sic*) de la peine de mort.

12. — L'entrée du château des Bruyères, de même que celle des allées du parc, « est interdite sous peine de mort », depuis le crépuscule jusqu'à l'aube (de six heures du soir à six heures du matin — heure allemande), à toutes les personnes qui ne sont pas des soldats de l'armée allemande.

13. — Pendant le jour, l'entrée du château des Bruyères n'est permise que par l'entrée nord-ouest, là où se trouve la garde, et pour autant de personnes qu'il y a de cartes d'entrée distribuées. Tout rassemblement à proximité de la garde est défendu dans l'intérêt de la population.

14. — Quiconque, par la communication de fausses nouvelles qui seraient de nature à nuire au moral des troupes allemandes, de même celui qui, de n'importe quelle manière, cherche à prendre des dispositions contre l'armée allemande, « se rend suspect et encourt le risque d'être fusillé sur le champ ».

15. — Tandis que, par les dispositions susvisées, les habitants de la région de la forteresse III B sont menacés de peines sévères lorsqu'ils enfreignent ces dispositions d'une manière quelconque, ces mêmes habitants peuvent, lorsqu'ils se montrent paisibles, compter sur la protection la plus bienveillante et le secours en toutes occasions lorsqu'on leur fait ou pourrait faire du tort.

16. — Les demandes de remise de bétail pour une quantité déterminée se font journellement, de 10 à 12 heures, avant midi et de 2 à 3 heures après-midi, au Château des Bruyères, auprès de la commission du bétail.

17. — Celui qui, sous l'égide de l'insigne de la Convention suisse, nuit ou même cherche à nuire à l'armée allemande et est découvert « est pendu ».

(S.) Dieckmann, major-commandant.

Pour copie conforme :

Le bourgmestre : Victor Hodeige.

Grivegnée, le 8 septembre 1914.

VIII. — Sommation de capituler.

« 4 septembre 1914. »

« Au commandant de Termonde et en même temps au bourgmestre de Termonde.

« Les Allemands ont pris Termonde. Nous avons placé tout autour de la ville de l'artillerie de siège du plus gros calibre. Encore maintenant on ose tirer des maisons sur quelques troupes allemandes. La ville et la forteresse est sommée de hisser immédiatement le drapeau blanc et de cesser de combattre. Si vous ne donnez pas suite immédiate à notre sommation, la ville sera rasée en un quart d'heure par un bombardement des plus graves.

« Toutes les forces armées de Termonde déposeront les armes immédiatement à la porte de Bruxelles à la sortie méridionale de Termonde. Les armes des habitants seront déposées en même temps au même lieu.

« Le général commandant les troupes allemandes devant Termonde.

« (Signé) : von Boehn. »

IX. — Proclamation, affichée à Bruxelles le 25 *septembre* 1914
Gouvernement général en Belgique.

« Il est arrivé récemment, dans les régions qui ne sont pas actuellement occupées par des troupes allemandes plus ou moins fortes, que des convois de camions ou des patrouilles ont été attaqués par surprise par les habitants.

« J'appelle l'attention du public sur le fait « qu'un registre » des villes et des communes dans les environs desquelles de pareilles attaques ont eu lieu, est dressé et qu'elles auront à s'attendre à leur châtiment dès que des troupes allemandes passeront à leur proximité.

« Bruxelles, 25 septembre.

« Le gouverneur général de Belgique,
« Baron von der Goltz,
« Feld-maréchal. »

X. — *Avis affiché, le* 5 *octobre* 1914, *à Bruxelles, et, vraisemblablement dans la plupart des communes du pays.*

« Dans la soirée du 25 septembre, la ligne de chemin de fer et le télégraphe ont été détruits sur la ligne Lovenjoul-Vertryck. A la suite de cela, les deux localités citées ont eu, le 30 septembre au matin, à en rendre compte et ont dû livrer des otages.

« A l'avenir, les localités les plus rapprochées de l'endroit où de pareils faits se seront passés — peu importe qu'elles soient complices ou non — seront punies sans miséricorde. A cette fin, des otages ont été emmenés de toutes les localités voisines des voies ferrées menacées par de pareilles attaques et, à la première tentative de détruire les voies de chemin de fer, les lignes du télégraphe ou du téléphone, ils seront immédiatement fusillés.

« En outre, toutes les troupes chargées de la protection des voies ferrées ont reçu l'ordre de fusiller toute personne s'approchant de façon suspecte des voies de chemin de fer ou des lignes télégraphiques ou téléphoniques.

« Le gouverneur général de Belgique,
« Baron von der Goltz,
« Feld-maréchal. »

XI. — Avis affiché à Bruxelles, le 1er *novembre* 1914.

« Un tribunal de guerre légalement convoqué a prononcé le 28 octobre les condamnations suivantes :

« 1° Contre l'agent de police de Ryckere pour avoir attaqué, dans l'exercice légal de ses fonctions, un agent dépositaire de l'autorité allemande, pour lésions corporelles volontaires commises en deux cas, de concert avec d'autres, pour avoir procuré l'évasion d'un détenu dans un cas et pour avoir attaqué un soldat allemand :

« 5 ans de prison.

« 2° Contre l'agent de police Seghers pour avoir attaqué, dans l'exercice légal de ses fonctions, un agent dépositaire de l'autorité allemande, pour lésions corporelles volontaires de cet agent allemand et pour avoir procuré l'évasion d'un détenu (toutes les infractions constituant un seul fait) :

« 3 ans de prison.

« Les jugements ont été confirmés le 31 octobre 1914 par M. le gouverneur général baron von der Goltz.

« La ville de Bruxelles, sans faubourgs, a été punie pour l'attentat commis par son agent de police de Ryckere contre un soldat allemand, d'une contribution additionnelle de :

« 5 millions de francs

« Bruxelles, 1er novembre 1914,

« Le gouverneur de Bruxelles
« Baron VON LUETWITZ,
« Général. »

Qui s'étonnerait, après de pareilles publications, des meurtres, des incendies, des pillages, des destructions commises partout où l'armée allemande a rencontré une résistance ? Qu'un corps allemand, que des patrouilles aient été accueillis à l'entrée d'un village par des coups de feu tirés par des soldats appartenant à des troupes régulières, forcés ensuite de se replier, la population en est déclarée responsable : les civils sont accusés d'avoir tiré ou coopéré à la défense, et, sans enquête, la localité est livrée au pillage et à l'incendie, une partie de ses habitants est massacrée.

La commission d'enquête l'a déjà signalé dans son rapport du 10 septembre (3e rapport).

Les faits qu'elle a enregistrés depuis n'ont fait que confirmer ses conclusions. Les actes odieux commis sur toutes les parties du territoire se présentent avec un caractère de généralité tel qu'on peut en faire peser la responsabilité sur l'armée allemande tout entière. Ils ne sont que l'application d'un système préconçu, la mise en pratique d'instructions qui ont fait des troupes ennemies opérant en Belgique « une horde de barbares et une bande d'incendiaires. »

Les rapports que la commission a eu l'honneur de vous adresser jusqu'ici, Monsieur le ministre, concernent spécialement des faits dont les villes d'Aerschot et de Louvain et des communes des provinces d'Anvers et du Brabant ont été le théâtre. De nouveaux rapports vous seront très prochainement envoyés, ils vous permettront de vous rendre compte de la gravité des actes commis par les envahisseurs dans d'autres parties du pays, notamment dans les provinces de Liège, de Namur, du Hainaut et des Flandres.

Le président,
COOREMAN.

Le vice-président,
Comte GOBLET D'ALVIELLA.

Les secrétaires,
Cher ERNST DE BUNSWYCK,
ORTS.

SEPTIÈME RAPPORT

A Monsieur Carton de Wiart,
Ministre de la Justice.

Monsieur le Ministre,

La Commission d'Enquête, dans son deuxième rapport, vous a signalé que des balles expansives ont été abandonnées, par les troupes allemandes sur le champ de bataille de Werchter, et que des certificats médicaux constatent que des soldats belges ont été atteints par des balles de ce genre.

L'armée allemande, opérant en Belgique, a continué à faire usage de balles prohibées.

La Commission d'enquête croit devoir reproduire quelques documents qui en fournissent la preuve et que nous choisissons parmi les certificats qui nous sont parvenus :

Emploi de balles explosives pour fusil et pistolet

« Nous soussignés, docteurs en médecine, au 4me régiment des lanciers, déclarons avoir donné des soins après le combat du 26 août 1914, à Werchter, à un soldat du 5e régiment des lanciers ; le blessé portait à l'avant-bras gauche une plaie dont l'étendue et l'aspect nous font croire qu'elle ne peut provenir que d'une balle explosive, aucun shrapnell n'ayant été tiré par l'ennemi au cours de l'action engagée contre les lanciers.

« Fait à Ranst, le 27 août 1914.

« Dr ATTICHAUX.

« Dr VAN DE WAELE.

« Vu :

« Le colonel, adjoint d'état-major, commandant,

« GILLAIN.

« Les balles explosives ci-jointes pour fusil et pistolet, ont été ramasssées à Werchter sur la position abandonnée par l'ennemi le mardi 25 au soir.

« Le commandant, adjoint d'état-major,
« DUBOIS. »

Le 10 septembre 1914, j'ai été appelé à donner mes soins au carabinier cycliste Leurs, blessé dans un service de patrouille près de Lubbeek. Deux faits contraires aux coutumes de la guerre sont à signaler,

1° Le soldat Leurs était frappé d'une balle dum-dum. Le membre inférieur gauche était complètement déchiqueté depuis les malléoles au milieu de la cuisse ; les fragments d'os sortaient des chairs. Une amputation du membre était indispensable pour sauver la vie du malheureux.

Grâce à l'arrivée d'une auto-mitrailleuse belge, venue à notre secours, je pus ramener le blessé au village de Rhode-Saint-Pierre, où M. le Docteur Derymaker a pu constater avec moi l'état et la gravité des blessures.

Wyneghem, le 2 septembre 1914.

Le médecin de bataillon de 2e classe,
attaché à la 1re compagnie de Carabiniers cyclistes,
Docteur Léon PIERRE.

N.-B. — Un deuxième carabinier cycliste, le soldat Piette, qui faisait partie de la même patrouille, a été tué par une même balle et enterré par mes soins, route de Tirlemont, à Louvain.

Le Major commandant le bataillon cycliste,
E. SIRON.

***

Monsieur l'Inspecteur Général,

J'ai l'honneur de porter à votre connaissance que, le 4 septembre 1914, le soldat Lowie, Alphonse-Joseph, du 3e régiment de chasseurs à pied, 1er bataillon, 2e compagnie, a essuyé, de la part d'une patrouille allemande, deux balles dum-dum ; la première lui a fracassé la bouche, la seconde, reçue dans la cuisse gauche, y a occasionné un trou de la grandeur d'un poing· A côté de cela, cet homme avait reçu dans les fesses, plusieuıs autres balles, qui avaient provoqué des lésions normales, c'est-à-dire un petit orifice d'entrée de la grandeur d'une cigarette.

Le médecin de bataillon, chef de service
au 3e chasseurs à pied,
Docteur COUVREUR.

Vu et certifié conforme :

J'ai vu cet homme quelques instants après qu'il avait été blessé et ai relaté dans mon rapport sur le combat que la blessure (j'ignorais celle de la cuisse) provenait certainement d'une balle expansive, ou, en tout cas, d'un projectile non admis par les règles de la guerre.

Cette blessure a été occasionnée par une patrouille allemande le 4 septembre 1914, à 6 heures du matin, à 600 mètres au sud de l'écluse de Capelle-au-Bois.

Le commandant de la Compagnie.

A Monsieur l'Inspecteur Général du Service de Santé, attaché à la Maison du Roi.

***

Quartier Général à Gand,
le 26 septembre 1914.

Monsieur le Ministre,

J'ai l'honneur de vous envoyer ci-jointes des cartouches à balle du modèle dit « dum-dum », saisies sur le oberleutnant hanovrien von Hadeln, fait prisonnier à Ninove, par mes troupes, le 29 courant.

Le pistolet de cet officier jeté par lui, peu avant sa capture, n'a pu être retrouvé.

Le lieutenant général, gouverneur militaire,
L. Clooten.

Ces cartouches, actuellement encore en la possession de la Commission d'Enquête, ont été soumises par elle à l'examen d'un expert. Celui-ci a fait le rapport suivant :

« La boîte à étiquette verte que vous me présentez (20 patronen, nº 403 für die Mauser, selbstlade pistole, calibre 7,63) devrait contenir des cartouches pleines. Elle contient un ratelier sur trois balles expansives dum-dum extraites de boîtes spéciales à étiquettes jaunes. Ces balles sont rendues expansives dans la fabrication et il n'est pas possible de les rendre telles à la main.

« Anvers, le 28 septembre 1914.

V. Rousseaux, Armurier-expert. »

***

Gand, le 30 septembre 1914.

Monsieur le Ministre d'État Cooreman,

Nous avons l'honneur de faire rapport sur le cas spécial que nous avons eu à traiter :

Le soldat Théophile Levant, du 5e Lanciers, a été blessé le 27 septembre à midi, par une balle expansive dans le combat d'Alost. L'orifice d'entrée, correspondant au diamètre de la balle, siège à la réunion du tiers inférieur avec le tiers moyen de la face antérieure de l'avant-bras droit.

La balle a éclaté emportant tous les os du carpe, les têtes des quatre derniers métacarpiens et les tissus mous de la face dorsale du poignet. A la face antérieure, la peau a été déchirée en différents endroits. Les lésions étaient telles qu'il a fallu procéder à l'amputation de l'avant-bras.

L'opération a été faite le 27 septembre, à 8 heures du soir par les docteurs Van de Velde, Neirynck et De Bruyker. Assistaient également à l'opération, le docteur Bossaerts, médecin en chef de la Croix-Rouge de Gand, les infirmières de service, Mesdames M. Lippens, E.-J. Braun, P. Lippens Mesdemoiselles de Hemptinne et Lamont et les infirmiers, Messieurs Braun et Carpentier.

Ci-joint deux photographies et une radiographie de la main amputée. La pièce elle-même est conservée.

(*Signé*) Docteur J. Van de Velde, docteur Neirynck, docteur De Bruyker, Madame Lippens, S. Lippens, A. de Hemptinne, Emma Lamont, docteur Bossaerts, A. Braun, E.-J. Braun, René Carpentier.

Les faits constatés ci-après vous permettront d'apprécier la manière dont se sont comportées, dans certaines circonstances, les troupes allemandes à l'égard des blessés et des prisonniers.

La commission, dans ses rapports antérieurs, a cité le cas de deux soldats belges blessés qui furent jetés, entre Impde et Wolverthem, dans une maison qui brûlait ; celui de 25 blessés et prisonniers belges qui, le 18 août, à Aerschot furent fusillés.

Les faits de ce genre sont nombreux.

Le maréchal des-logis Baudouin van de Kerchove, du 3e régiment des lanciers, déclare qu'étant blessé de deux balles allemandes à la bataille d'Orsmael, le 10 août 1914, malgré ses blessures, les Allemands le maltraitèrent et l'un d'eux lui arracha la carabine des mains, la fit tournoyer au-dessus de la tête et lui en infligea un formidable coup sur les reins. Voyant qu'il vivait encore, un autre le mit en joue à deux mètres. Heureusement, la balle ne fit que lui effleurer le ventre.

Au cours du même engagement, un carabinier cycliste belge tombé entre les mains des Allemands a été trouvé pendu à une haie. Le fait a été attesté par plusieurs témoins, notamment par le curé du village qui présida à l'inhumation.

Le 16 août, des soldats français blessés la veille, à la bataille de Dinant, ont été retrouvés la tête fracassése à coups de crosse de fusil.

Le 23 août, à Namur, les soldats allemands après avoir fait sortir les blessés allemands tuèrent quatre soldats blessés, deux Belges et deux Français, qui étaient soignés dans la clinique du docteur Bribosia, transformée en ambualnce. Ils incendièrent ensuite la clinique.

Le 25 août, à Hofstade, près de Malines, un soldat belge, appartenant à un régiment de carabiniers, légèrement blessé, a été achevé à coups de crosse qui lui ont défoncé la tête.

Sur les vingt-deux soldats de la même arme trouvés morts dans un petit bois situé à droite de la route de Malines-Tervueren, avant Baarbeck, dix-huit avaient été achevés à coups de baïonnette portés à la tête ; leurs blessures faites par des balles n'étaient qu'insignifiantes et n'avaient pu les empêcher de s'échapper ; seuls, les quatre hommes atteints de blessures mortelles ne portaient pas de trace de coups de baïonnette.

Le 25 août, dans le combat livré aux environs de Sempst, le soldat Lootens, du 24e de ligne, chargé de relever les blessés avec le personnel ambulancier, a aperçu à une cinquantaine de mètres deux soldats belges, lesquels avaient été liés à un arbre. Ces militaires portaient encore leurs effets : leur veste était ouverte et permettait de constater qu'on leur avait ouvert le ventre. On apercevait très bien les entrailles qui en sortaient.

Le 25 août, à 4 heures de l'après-midi, une infirmière soignant des blessés à Eppeghem, a vu un soldat allemand achever à coups de crosse sur la tête, un soldat belge blessé légèrement au bas de la figure.

Le colonel commandant le 2e régiment de chasseurs à cheval, constate dans un rapport du 17 septembre 1914, que le « cavalier de 2e classe du 2e régiment des chasseurs à cheval, Baechelandt, Richard, est renseigné comme ayant été tué par les Allemands au cours d'une reconnaissance effectuée le 6 septembre 1914. D'après les témoins, ce cavalier a été retrouvé les deux mains liées ensemble, par une lanière de cuir. Il aurait donc été blessé, fait prisonnier, puis achevé par un coup de baïonnette qui lui a ouvert le ventre. Les traces de contriction des poignets étaient encore visibles quand le docteur Leman a visité le cadavre. »

Le 11 septembre 1914, le nommé Burm (Joseph-Louis), du 24e régiment le ligne, a déclaré que, fait prisonnier par les Allemands près d'Aerschot, ceux-ci pour l'obliger à parler, lui ont plongé les mains dans une marmite d'eau bouillante; le médecin Thoné, attaché au 24e de ligne, a constaté que l'intéressé portait encore des traces de brûlures.

Burm a déclaré avoir vu soumettre deux autres soldats à des tortures : l'un d'eux, qui s'était rebellé, a été saisi par les Allemands, qui lui ont tenu bras et jambes et lui ont tordu le cou jusqu'à ce que la mort s'ensuivit ; le second a eu un doigt coupé.

L'abbé Van Crombruggen a fait, le 27 octobre 1914, le rapport suivant :

« Le 20 octobre 1914, après l'attaque des soldats allemands au pont de Dixmude, le matin, vers trois heures, le soussigné, ainsi que, entre autres, les témoins dont les noms suivent ont constaté le fait suivant : Le corps de Camille Poncin, sous-lieutenant au 12e de ligne, III, 2, se trouvait dans une position indiquant, à toute évidence, qu'il avait été fusillé. En effet, on l'avait lié, au moyen d'un fil de fer, enroulé une dizaine de fois autour des jambes, à la hauteur des chevilles. Cette opération terminée, la victime a été fusillée. Le cadavre, la tête fortement rejetée en arrière, reposait sur la face dorsale, les genoux souillés de terre, et les talons rejoignant le corps. Le malheureux se sera affaissé sur les genoux pour retomber en arrière, à moins qu'il n'ait été contraint de s'agenouiller avant la fusillade. La poitrine portait très apparemment la trace de nombreuses balles.

Fr. Van Crombruggen, Aumônier militaire, III, 12e de ligne.
Mathieu, Jacques ; Dreessen, Henri ; Boers, Mathieu ; Jodogne, Théodore ; (Soldats au 12e de ligne).

***

Pendant la durée du voyage, les blessés et les prisonniers transférés en Allemagne ont été fréquemment privés de nourriture et des soins les plus élémentaires. Les prisonniers anglais surtout, sont l'objet de mauvais traitement.

La Croix-Rouge de Verviers a organisé un service de ravitaillement pour les blessés et les prisonniers de passage dans cette ville. Le 18 septembre, vers 5 heures du soir, un train comprenant plusieurs wagons de prisonniers anglais a traversé la Gare de l'Est. Les Allemands ont empêché les ambulanciers de leur donner à manger. Un autre train contenait des blessés français et des blessés anglais. Les sentinelles ont permis à un ambulancier de soigner les Français, mais lui ont interdit de donner des soins aux Anglais. Les témoins rapportent que ces faits se reproduisent couramment.

Le mercredi 16 septembre, les Allemands descendirent à la gare de l'Est deux blessés français, un sergent-major et un soldat qui déclarèrent avoir été blessés à Saint-Quentin, dix-huit jours auparavant, avoir été pansés sommairement sur le champ de bataille, et n'avoir plus reçu de soins depuis lors.

L'attaque par les troupes allemandes de colonnes d'ambulances, la détention du personnel médical, envoyé fréquemment en Allemagne, l'abus du drapeau blanc et des insignes de la Croix-Rouge, sont autant de violations aux lois de la guerre qui ont fait l'objet de nombreux témoignages.

Le 16 août, sur la route de Tirlemont, à Hannut, un groupe de brancardiers a été assailli par les Alemands qui ont tiré sur eux. Aucun militaire ne se trouvait parmi eux; aucune confusion n'était possible.

Le 19 août 1914, des ambulanciers, porteurs du costume ecclésiastique, revêtus du brassard de la Croix-Rouge, ont essuyé des coups de feu de la part des troupes allemandes à Aerschot, alors qu'ils ramassaient des blessés et bien qu'ils eussent montré leurs insignes. L'un d'eux a ensuite été brutalisé toute la journée à l'hôpital alors qu'il soignait les blessés.

Le 19 août 1914, à Lovenjoul, les Allemands ont arraché à trois ambulanciers leur brassard et l'ont jeté à terre. Les ambulanciers ont été arrêtés, frappés et injuriés. Relâchés enfin, emportant un blessé, ils ont dû le déposer sept fois, parce que les Alemands dirigeaient sur eux le feu des mitrailleuses. Un ambulancier a été atteint d'une balle à la cuisse.

Le 23 août 1914, en quittant le vilage de Bioul, près de Namur, la colonne d'ambulance belge, sous les ordres du médecin de 1re classe Petit, a été attaquée par l'ennemi et a essuyé une vive fusillade. Le médecin-major Petit a été blessé ainsi qu'un médecin adjoint, M. Snouck. Les ambulanciers ont été dispersés. Sur une colonne d'environ 300 personnes, une centaine à peine ont pu s'échapper.

Le 26 août 1914, vers 3 heures, sur la route de Werchter à Haecht, une voiture portant un fanion de la Croix-Rouge et transportant trois blessés, a été attaquée par des Allemands; de nombreux coups de feu furent tirés; une balle traversa la carrosserie et transperça les jambes des deux blessés qui se trouvaient dans l'auto.

Les hôpitaux de Heyst-op-den-Berg et de Malines n'ont pas été respectés par les troupes allemandes bombardant ces localités, alors que le drapeau de la Croix-Rouge flottait bien ostensiblement sur ces établissements.

Pénétrant dans Namur, le 19 août 1914, elles criblèrent de balles l'hôpital.

Le 27 septembre les Allemands ont capturé, au mépris des dispositions de l'article 14 de la Convention de Genève, une voiture d'ambulance, après avoir abattu deux chevaux et blessé un brancardier qui a été fait prisonnier.

Déjà à Haelen, ils avaient pris une section d'hospitalisation de la deuxième division d'armée, et à Liège, ils ont retenu deux trains sanitaires.

Le 28 septembre, une voiture d'ambulance hippomobile contenant un médecin auxiliaire, un aumônier brancardier ainsi que le conducteur a été l'objet du tir systématique des Allemands; ils ont été tous trois gravement blessés.

Par lettre du 22 septembre 1914, l'Inspecteur Général du service de santé de l'armée a signalé à la Commission que l'ennemi retient à Liège des membres du personnel sanitaire, bien qu'ils fussent sans emploi et qu'il en a envoyé d'autres en Allemagne.

D'autres membres du personnel sanitaire ont été retenus à Namur, l'oberartz déclarant qu'il était de l'intérêt des Allemands de ne point permettre aux médecins de rejoindre l'armée à Anvers pour priver celle-ci de secours médicaux, « la maladie et l'épidémie étant pour eux un atout de plus. »

La Commission juge devoir attirer spécialement votre attention, Monsieur le Ministre, sur les pièces ci-jointes, à raison du caractère particulièrement odieux que revêt, dans le cas qui vient de nous être signalé, la transgression de la Convention de Genève.

Service de Santé de l'Armée.
Inspection Générale.
N° 443.

Dunkerque, le 14 novembre 1914.

J'ai l'honneur de vous faire parvenir une lettre de M. le professeur L. Fredéricq, de Liège, ainsi que la réponse que je lui ai adressée.

J'attire votre attention sur cette nouvelle transgression de la Convention de Genève. Je crois qu'il serait utile de la porter à la connaissance des puissances intéressées.

L'Inspecteur Général,
attaché à la Maison militaire du Roi.
(s) Dr Melis.

Université de Liège.

Liège, le 2 novembre 1914.

A Monsieur le Docteur Melis,
chef du Service de Santé de l'armée belge,
Ministère de la Guerre belge,
au Havre.

Très honoré Confrère,

Mon fils, le Dr Henri Fredericq, qui s'était engagé au début de la campagne, avait dirigé le service médical du fort de Chaudfontaine, puis avait été employé dans les ambulances allemandes de Liège, a quitté Liège le mardi 27 octobre pour venir se mettre à la disposition des autorités belges au Havre. (1) Il l'a fait en enfreignant une défense de son chef le Docteur allemand Westphal.

L'autorité allemande m'a rendu responsable de la fuite de mon fils et me retient prisonnier au fort de la Chartreuse *jusqu'à ce que mon fils rentre à Liège.* Ce dernier en sera quitte, s'il se représente volontairement, pour trois jours d'arrêt. Plus tard, il sera peut-être envoyé pour soigner les prisonniers belges au camp de Munster (Hanovre), non comme punition, mais comme service médical normal.

Je vous saurais gré, Monsieur et très honoré Confrère, de vouloir bien permettre à mon fils de rentrer à Liège, ce qui mettra fin à ma captivité.

Veuillez agréer, avec l'assurance de mes sentiments de haute considération, le souvenir de notre ancienne camaraderie à l'Université de Gand.

Votre dévoué,
(s.) Léon FREDERICQ.
professeur de physiologie à l'Université
de Liège.

Si la lettre que j'ai envoyée à mon fils ne lui était pas parvenue, veuillez le mettre au courant de la situation.

Dunkerque, le 14 novembre 1914.

Service de Santé.
Inspection Générale.
N 443.

Monsieur le Professeur et cher Confrère,

En réponse à votre lettre du 2 courant, j'ai l'honneur de vous faire connaître qu'il ne m'est pas possible d'autoriser votre fils à rentrer à Liège. Je transmets votre lettre à M. le Ministre de la Guerre, qui statuera. Je doute, cependant, qu'il y donne une suite favorable.

C'est, d'ailleurs, abusivement que l'autorité militaire allemande s'est permis de vous retenir comme otage pour le départ de votre fils. Celui-ci ne pouvait lui-même être retenu, en vertu de l'article 12 de la Convention de Genève.

---

(1) M. le docteur Henri Frédéricq a été induement retenu comme prisonnier, après la prise du fort de Chaudfontaine, alors qu'il n'était pas belligérant et qu'en sa qualité de médecin ambulancier, la Convention de Genève ne permettait pas son arrestation.

Je prie Monsieur le Ministre, en lui transmettant votre lettre, de signaler par la voie diplomatique aux neutres cette nouvelle transgression du droit de la guerre à charge de l'autorité allemande.

Je crois que vous feriez bien, en vous basant sur le même article de la Convention de Genève, d'invoquer à nouveau, auprès de l'autorité militaire locale, le droit qu'avait votre fils de rejoindre l'armée à laquelle il appartient aussitôt que ses services auprès de nos blessés à Liège n'étaient plus nécessaires.

Veuillez agréer, cher Confrère, l'assurance de mes meilleurs sentiments.

L'Inspecteur Général,
attaché à la Maison militaire du Roi,
(s.) MELIS.

A Monsieur le Docteur Frédéricq,
Professeur à l'Université de Liège.

Le 23 novembre 1914, les autorités militaires allemandes ont arrêté à Anvers 24 médecins et 12 pharmaciens militaires belges. Ils les ont internés à Heidelberg où ils se trouvent encore détenus.

Des témoins ont attesté que le 26 août 1914, les colonnes d'assaut allemandes, au combat qui s'est livré au sud de Schiplaecken, hameau de Hofstade, étaient précédées du drapeau blanc ; que le 4 septembre 1914, sur la route de Lierre, à Aerschot, les soldats allemands ont abusivement fait usage du drapeau blanc pour tenter de s'emparer d'un officier belge faisant une reconnaissance en auto-mitrailleuse.

Ils nous ont signalé que le 25 août, à Houthem et à Eppeghem, et le 17 septembre à Meysse, les Allemands ont arboré le drapeau de la Croix-Rouge sur les bâtiments occupés par leurs troupes et sur la caserne où ils avaient remisé leur artillerie.

***

Nombreuses sont les dépositions de civils et de militaires qui attestent que les Allemands les ont contraints à leur servir de guide, les ont forcés à exécuter des travaux militaires ou ont fait marcher devant leurs troupes des soldats belges prisonniers et une partie de la population civile.

Les soldats Goffin, Heyvaerts et Hertleer déclarent que, faits prisonniers avec d'autres hommes de leur compagnie, le 6 août, ils ont été entraînés par les Allemands qui leur avaient lié les mains derrière le dos. Rencontrant à Saive, une compagnie belge du 19e régiment de ligne, les Allemands les ont placés devant eux. A certain moment, ils leur ont ordonné de crier : « Belges, ne tirez plus, vous tirez sur des Belges ». Deux d'entre les prisonniers sont tombés, frappés par les balles de nos soldats.

Le mardi 18 août, le nommé Rymen, Joseph, de Schaffen, a été contraint, avec deux habitants de Meldert, à précéder des troupes allemandes à travers la ville de Diest et ensuite à conduire ces troupes à Montaigu.

Le même jour, une patrouille allemande d'une dizaine d'hommes, commandée par une jeune lieutenant, arriva à Thildonck précédée d'un ouvrier qu'elle contraignait à lui servir de guide.

A Namur, les Allemands ont contraint les habitants du village à creuser, près du cimetière de Warisoul, des tranchées qui étaient exposées au tir des forts.

Les habitants de Bierwart ont été forcés de travailler à des travaux de défense le long de la chaussée.

Le 23 août, les Allemands ont placé des femmes et des enfants devant leur colonne d'attaque au pont de Lives, en face de Biez. Des femmes et des enfants furent atteints par le feu des Belges.

Dans de très nombreuses localités du Hainaut, les troupes allemandes se sont fait précéder de civils, hommes et femmes. C'est ainsi qu'une colonne allemande, traversant Marchienne poussait devant elle un groupe de plusieurs centaines de civils. Elle se dirigeait sur Montigny-le-Tilleul où se produisit le premier engagement important avec l'armée française.

Le 22 août 1914, les Allemands ont arrêté à Grimbergen, dans leurs maisons, les nommés Olbrechts Jean, van Campenhout Arthur, et van Cappelen Auguste. Ils les ont retenus pendant huit jours. Pendant leur détention, ces hommes étaient contraints à chercher, pendant le jour, sous le feu de l'artillerie, le matériel de guerre abandonné et à creuser des tranchées, avec d'autres habitants de Grimbergen.

Le 24 août, le nommé de Vleeschouwer, Michel, son frère Joseph et leur père, âgé de 67 ans, habitant la même localité, ont été poussés devant un groupe d'Allemands pour protéger ceux-ci contre la canonnade des Belges.

Le 25 août, à Eppeghem, toute la population mâle a été emmenée par les Allemands pour la faire travailler à des tranchées.

A Sempst, des hommes et des femmes, pendant le combat du 25 août, ont été placés par les Allemands à la première ligne de feu.

Le 25 août 1914, les Allemands ont contraint environ 200 personnes, hommes, femmes et enfants du village d'Hofstade à marcher devant eux. Arrivés chaussée de Tervueren, ils rencontrèrent les troupes belges à une distance de 150 à 200 mètres. Les soldats allemands tiraient derrière les prisonniers. Les Belges tirèrent de côté, de manière à ne pas atteindre ceux-ci.

Le 26 août, les Allemands emmenèrent, les mains liées derrière le dos, un groupe de plus de 70 habitants de Louvain. Arrivés à Hérent, au premier rang des unités, ils essuyèrent, des coups de feu, un léger engagement ayant lieu, à ce moment, entre fantassins. Le lendemain, on les dirigea sur Malines leur disant qu'on allait leur faire goûter de la mitrailleuse belge. Ils furent relâchés aux avant-postes belges. Quatre heures après leur arrivée à Malines, le bombardement de la ville commençait.

Le 29 août, à Herent, les Allemands ont fait marcher devant l'armée, 500 femmes et enfants précédés des deux curés de Wygmael et de Wesemael. De nombreux habitants de Louvain ont été obligés pendant plusieurs jours à des marches forcées quotidiennes ou à creuser des tranchées.

Un millier d'habitants de Wygmael, hommes, femmes et enfants, a été contraint, pendant une dizaine de jours, de suivre les troupes allemandes pendant les combats.

Le 12 septembre, à Erpe, une colonne allemande de 200 à 300 hommes, attaquée par une auto-mitrailleuse belge, a pris dans les maisons vingt à vingt-cinq hommes et jeunes gens, y compris un garçonnet de treize ans : elle s'est fait précéder de ces prisonniers, qu'elle a placés au milieu de la chaussée. Deux jeunes gens ont été blessés par une balle dans le haut de la cuisse. Les occupants de la mitrailleuse s'apercevant que des prisonniers civils étaient placés devant eux, cessèrent le feu. Le témoin ajoute qu'à un moment donné il a clairement entendu donner l'ordre de fusiller tous les prisonniers si les Belges tiraient encore.

Le samedi 26 septembre 1914, au combat d'Alost, les Allemands ont fait marcher devant eux alors qu'ils attaquaient les troupes belges, plusieurs habitants d'Alost dont voici les noms : Franz Meulebroeck, Cornélis Van Hat, Émile Van der Meersch, Gustave Droesat et son frère Alphonse, Louis Ongena et François Buyd. Les soldats belges leur ayant crié de se laisser tomber, Franz Meulebroeck a été atteint par une balle allemande. Les Allemands ayant été repoussés, les civils ont pu fuir.

***

Les dispositions des articles 25, 26, et 27 du règlement concernant les lois et coutumes de la guerre sur terre qui ont trait au bombardement, n'ont pas été respectées. De nombreuses localités ouvertes et non défendues ont été bombardées.

La Commission a déjà signalé le bombardement de Bourg-Léopold et de Heyst-op-den-Berg, villages ouverts, non défendus. Les villes de Malines, d'Alost, de Termonde ont, de même, été bombardées alors qu'aucune force armée ne les défendait. Les édifices consacrés aux cultes, aux arts, aux sciences, à la bienfaisance, les monuments historiques, les hôpitaux n'ont pas été épargnés. Les cathédrales de Malines et de Termonde, notamment, ont été systématiquement visées. Les Halles d'Ypres, monument artistique incomparable, ont été détruites.

Des projectiles ont été lancés du haut de ballons ou d'avions, en opposition avec les prescriptions des conventions internationales. A deux reprises, des bombes ont été jetées à Anvers, du haut d'un Zeppelin, dans des conditions qui constituent une violation des lois de la guerre.

Dans la nuit du 1er au 2 septembre 1914, un dirigeable allemand a lancé plusieurs projectiles sur les communes de Semmerzaeke et de Vosselaere, villages non défendus.

Le 4 septembre, dans la matinée, une grenade a été jetée sur la ville d'Eecloo, ville ouverte, non défendue. Le 5 septembre, deux grenades ont été lancées du haut d'un aéroplane allemand sur la ville de Gand, ville ouverte, non défendue.

Le 25 septembre, un Zeppelin a survolé Ostende et jeté quatre bombes sur cette ville ouverte, non défendue.

Dans la nuit du 26 au 27 septembre, un Zeppelin a jeté quatre bombes sur la ville de Deynze, ville ouverte et non défendue. Trois d'entre elles ont atteint le couvent des Sœurs de Saint-Vincent-de-Paul (rue du Moulin), occupé par des malades, des orphelines, des réfugiées, etc., au nombre d'environ 200, et y ont provoqué une panique indescriptible.

Le 29 septembre, un Zeppelin a laissé tomber vers 1 heure, 3 bombes sur Dottignies et 2 sur Thielt, localités ouvertes et non défendues.

Les Secrétaires,
(s) Cher Ernst de Bunswyck,
Chef du Cabinet du Ministre de la Justice.
Orts,
Conseiller de Légation de Sa Majesté le Roi des Belges.

Le Président,
(s) Cooreman.
Ministre d'État.

Le Vice-Président,
Comte Goblet d'Alviella.
Ministre d'État,
Vice-Président du Sénat.

HUITIÈME RAPPORT

A Monsieur Carton de Wiart,
Ministre de la Justice,

Monsieur le Ministre,

Nous avons l'honneur de placer sous vos yeux un rapport résumant les conclusions d'une enquête faite sur les lieux concernant les actes de violence et de pillage, les incendies et les meurtres d'habitants paisibles, qui ont marqué le passage de l'armée allemande à travers la province du Luxembourg au cours des mois d'août et de septembre 1914.

Prises d'otages

Les Allemands ont systématiquement pris des otages. Le traitement de ceux-ci a beaucoup varié. Dans certaines localtés ils n'ont pas été sérieusement maltraités ; dans d'autres, il ont subi des traitements indignes. C'est ainsi qu'à Marche, les trois principaux fonctionnaires de la localité ont, à tour de rôle et pendant des semaines, été retenus prisonniers dans une cellule de la prison où sont enfermés les malfaiteurs de droit commun. Ailleurs, les otages pris dans un village ont été transportés dans d'autres localités de la province et y ont été emprisonnés pendant des semaines. Enfin, certains otages ont été emmenés en Allemagne et y sont encore détenus à l'heure actuelle. En général, depuis leur détention en Allemagne, ils n'ont pas été maltraités, mais quelques-uns d'entre eux ont, pendant la durée du voyage, été soumis à de mauvais traitements. Ils ont été privés de nourriture, de repos, et ont été l'objet de sévices de la part des soldats et de la population.

Pillage

Dans presque toutes les localités citées ci-après et dans d'autres encore où les excès présentèrent un caractère de moindre gravité, le pillage a été systématique et complet. Les soldats ne se sont point contentés de s'emparer, sans aucun bon de réquisition, des vivres, du bétail, des chevaux dont ils avaient besoin. Ils ont enlevé de force des habitations tout ce qui pouvait leur convenir. Le nombre de bouteilles de vin volées dépasse tout calcul. Le premier soin des soldats, en arrivant dans une localité importante, était d'obtenir du vin et de l'alcool. Bientôt ils étaient ivres et les scènes de sauvagerie, les incendies et les fusillades se produisaient immédiatement.

Dans les fermes, les soldats tuaient à coup de sabre et de fusil les oiseaux de basse-cour et les porcs. Ils tiraient au hasard et ont ainsi tué ou blessé sans intention un certain nombre d'habitants. A Libin, un soldat, tirant sur une poule, perça d'une balle les deux cuisses d'un enfant de quelques mois.

A Arlon, le pillage de certaines maisons a été exécuté par ordre des autorités militaires. Le onzième jour de l'occupation un fil téléphonique ayant été brisé, les autorités militaires donnèrent à la ville quatre heures pour payer une contribution de guerre de 100.000 francs en or, ajoutant qu'à défaut de ce paiement cent maisons seraient pillées. Le paiement put finalement être effectué, mais 47 maisons avaient déjà été mises à sac par ordre des officiers.

Incendies

Le nord du Luxembourg a généralement été respecté. Par contre, deux régions du sud de la province ont été complètement dévastées. La première de ces régions comprend les villages de Porcheresse, Maissin, Anloy, Villance, Framont, Ochamp, Jehonville, Offagne, Assenois, etc. L'autre comprend toutes les communes du triangle compris dans une ligne tirée de Florenville à Virton, de Virton à Habay-la-Neuve et de Habay-la-Neuve à Florenville.

Une statistique approximative des maisons brûlées dans ces différentes localités a été dressée :

Neufchâteau, 21 maisons brûlées ; Etalle, 30 maisons brûlées ; Houdemont, 64 maisons brûlées ; Rulles, la moitié des maisons a été détruite par le feu ; Ansart, le village est complètement brûlé ; Tintigny, 3 maisons seulement subsistent ; Jamoigne, destruction de la moitié du village ; Les Bulles, destruction de la moitié du village ; Moyen, 42 maisons détruites ; Rossignol, le village est entièrement brûlé ; Mussy-la-Ville, 20 maisons détruites ; Bertrix, 15 maisons détruites ; Bleid, une grande partie du village est brûlée ; Signeulx, une grande partie du village est brûlée ; Ethe, les cinq sixièmes du village sont brûlés ; Bellefontaine, 6 maisons détruites ; Musson, la moitié du village est détruite ; Baranzy, il reste 4 maisons ; Saint-Léger, 6 maisons brûlées ; Semel, toutes les maisons sont brûlées ; Maissin, 64 maisons ont été brûlées sur 100 ; Villance, 9 maisons brûlées ; Anloy, 26 maisons ont été brûlées.

Ces chiffres sont des chiffres minimum. D'après une statistique forcément incomplète, le nombre des maisons brûlées dans la province du Luxembourg dépasse 3.000. Il est à noter que les maisons dont la destruction est ainsi rapportée ont été brûlées, non par des opérations de guerre, mais par des incendies volontaires et systématiques.

Fusillades

Dans un grand nombre de villages, les troupes allemandes se sont livrées à de véritables exécutions en masse. Le nombre des habitants fusillés pour l'ensemble de la province dépasse un millier. Les chiffres suivants sont relatifs à certains villages seulement :

Neufchâteau, 18 fusillés ; Vance, 1 fusillé ; Etalle, 30 fusillés ; Houdemont, 11 fusillés ; Tintigny, 157 fusillés ; Izel, 10 fusillés ; Rossignol, 106 fusillés ; Bertrix, 21 fusillés ; Ethe, 300 fusillés environ, 530 personnes ont disparu ; Bellefontaine, 1 fusillé ; Latour, 17 hommes survivent ; Saint-Léger, 11 fusillés ; Maissin, 10 hommes, 1 femme et une jeune fille fusillés, 2 hommes et 2 jeunes filles blessés ; Villance, 2 hommes fusillés, 1 jeune fille blessée ; Anloy, 52 hommes et femmes fusillés ; Claireuse, 2 hommes tués, 2 pendus.

A Arlon, furent fusillés publiquement 111 personnes des communes d'Ethe et de Rossignol. Quelques jours plus tard, furent exécutées 8 personnes de communes voisines. Un officier de police d'Arlon, appelé Lempereur, fut fusillé sans jugement pour un motif futile qui fut par la suite reconnu non fondé.

Viols

Les cas de viol par les soldats ivres sont nombreux. Dans une localité, une femme a été violée par 12 soldats qui avaient tué son mari. Les faits de ce genre sont autant que possible sissimulés par les familles et le sentiment qui les fait agir a été prepecté par les enquêteurs. Il n'est toutefois pas douteux que les viols ont été très fréquents.

Explication des crimes commis par les troupes

Dans la plupart des localités, les troupes n'ont même pas allégué qu'elles avaient été assaillies par la population civile. Il semble certain que celle-ci ne s'est livrée nulle part à aucun acte d'hostilité. Dans plusieurs endroits, des soldats allemands avaient été abattus par des patrouilles ou des sentinelles françaises, et il semble malheureusement démontré que les troupes allemandes ont systématiquement saccagé et brûlé les villages sur le territoire desquels certains de leurs soldats avaient été ainsi abattus, même lorsqu'elles savaient que ces morts étaient dues à des soldats réguliers de l'armée ennemie. Dans beaucoup de localités, la destruction des villages et des habitations ne peut s'expliquer, même par un prétexte. Les habitants expliquent les crimes dont ils ont été victimes soit par l'ivrognerie des soldats, soit par le plaisir sadique d'infliger des souffrances, soit par la colère due à la résistance de la Belgique, soit par des ordres de destruction systématique émanant des autorités militaires supérieures.

En raison de la difficulté de communication avec le Luxembourg, le présent rapport est nécessairement incomplet. Il sera complété en temps et lieu.

Les secrétaires,
(s) Cher ERNST DE BUNSWYCK,
Chef du Cabinet du Ministre de la Justice

ORTS.
Conseiller de Légation de Sa Majesté
le Roi des Belges.

Le président,
(s) COOREMAN
Ministre d'État,

Le Vice-Président
Comte GOBLET D'ALVIELLA
Ministre d'État
Vice-Président du Sénat.

LECOQ, MATHOREL & CH. BERNARD, PARIS

Imp. Lecoq, Mathorel & Ch. Bernard, Paris.

www.ingramcontent.com/pod-product-compliance
Ingram Content Group UK Ltd.
Pitfield, Milton Keynes, MK11 3LW, UK
UKHW021146220726
13924UKWH00003B/1042

9 782019 222062